起初，是黑夜

梁家瑜——著

推薦語（按姓氏筆劃順序排列）

太陽花運動，對參與其中的某些基督徒而言，是震撼靈魂的信仰體悟。梁家瑜的書寫，挑戰讀者對基督教的刻板印象，為太陽花運動的詮釋提供一特別的視角。

成功大學歷史系博士，《新使者雜誌》執行總編輯　王昭文

三一八太陽花運動的醞釀、爆發、結束的過程中，梁家瑜在不同時刻，適切地轉換自身行動的角色：旁觀者、行動者、記錄者、反思者、創作者……，在太陽花運動三周年之際，他寫出了一本無法歸類的書——不同時空的事件中，印照著內心不斷閃現信仰的話語。於是我才理解，原來始終不變的是，他作為一個信仰者，帶著理念去行動，在行動中見證信仰的深刻。

哲學星期五發起人，比利時魯汶大學哲學博士　沈清楷

究竟是語言讓詮釋得以可能，還是詮釋讓語言擁有靈魂？當歷史事件與永恆啟示會遇時，會迸發怎樣的火花呢？家瑜在《起初，是黑夜》的大作中，鮮活地讓兩者相遇在太陽花的神蹟中。字裡行間流淌的，不是古今時空的穿越或往返，而是他靈魂真真實實的脈動與呼吸。家瑜的信仰知識是一種行動的姿態，讓認識論從希臘式的邏輯理性，重返希伯來式的整體存有。還好有家瑜，不僅見證了那一夜穿越黑暗的光，也讓我們聽見樹林被砍伐的聲音。

磐頂教會主任牧師，台灣神學院兼任助理教授　莊信德

這幾年的街頭運動裡，只要知道家瑜兄夫妻也在街上，總是讓我感到安心，特別是在立院的那廿三天。「太陽花運動」對台灣的青年基督徒是一個很大的分水嶺。過去，有很多在教會教育下認為不應涉入政治的基督徒，因為此事的震憾而覺醒，並且在基督信仰的社會聲望墜入谷底的這三年間，努力重新爬梳信仰與政治之間的關係，家瑜兄的筆所記下的，同時也是眾多信徒在過去數年經歷的信仰考驗與歷程。

專欄作家，關注社會運動的基督徒　喬瑟芬

推薦序

書寫作為一種調整時差的個人行動

政治大學政治系副教授，
英國倫敦政經學院政治學博士　葉浩

我們共同生活的這個島嶼是個深陷多重「時差」的社會。作為一個新興的民主國家，多重時差意味分裂的歷史記憶，彼此不相容的史觀，以及鑲嵌其中的身分認同，也就是分裂的國族認同，加上同時存在懷念威權與擁抱民主的兩種心態，有人曾經歷了價值翻轉，接受了民主，有人則懷念威權時代，至今依舊不肯認同民主，一部分的人樂見我們的法律體制終於接軌國際人權公約，一部分的人卻駁斥所謂的「普世」人權乃「西方」的價值。另一方面，許多人主張妥善處理歷史不義才能穩健地走眼前路，但也有人呼籲唯有立即放下過去才是擁抱未來的唯一捷徑。此外，同樣走在轉型正義路上的人們，亦有走得快的人嫌別人走得慢，而步步為營的人則擔心別人走得過於倉促。

多重政治時差就是臺灣社會之特色。如何調整時差，如何讓彼此價值觀迥異，史觀、時間感、歷史記憶的主體差異以及起點不一的各種族群取得一種「共時性」，是刻不容緩的政治議題——當然，讀者或許會主張必須暫時擱置，這樣的說法將進一步強化了時差作為一種政治維度的事實！

這裡所謂的「共時性」（synchronicity）並非處於同一時間軸上的「同時性」（simultaneity），後者指涉一種物理時間上的狀態，前者則關乎一群人對於特定歷史事件的共享意義。例如，「二二八」之於整個島嶼上的人來說，是個具有同時性的事件，因為沒人懷疑它在時間軸上的定點，日曆上的這一天近年來也是國定假日，但因其「歷史意義」並非所有族群共享，這事件目前是時差政治的根源之一，而非人們得以重建彼此共時性的歷史資源。是故，調整政治時差所需的，是對於同一事件的共同理解與感受之促成，亦或另一個新的，也就是另一個可以讓人們可以和過去劃清界線，重啟開端，所有的人得以藉此（再）確認彼此為同屬一個命運共同體的事件。

三一八事件或許是我們的希望所在。那是這個島嶼上盛況空前的公民運動，絕大部分聲稱向來不涉政治的單一議題團體都在這一場運動中找到了自己的戰鬥位置，並參與其中。然而，三一八那個晚上，也就是二〇一四年「太陽花運動」的起點，我們再也回不去了！

是的，沒有人能夠穿越時空回到三一八的現場。作為一個數十萬人曾經參與過的事件，於今人們再次談起的一切，都是追憶，都是人們如幽魂般依循海馬迴刻痕遊走的結果。沒有人可以訴說全貌，但任何實際的參與經驗或感受也不容輕易抹煞。

走回現場的遊靈，正是本文作者自始便揭露的書寫身分。但這也是人類根本生存的處境所致。人，必然是一種時間性的存在，而且永遠夾在過去與未來之間。過去，永遠回不去，未來，則永遠在來的路上。唯有「現在」才是真實。就此而言，彼此能交會的所有人也都是一個時間社群。在時間的巨流之中交談與爭辯的你我是一群漂流到同一座孤島上的難民，一起走向地獄，也一起走向天堂。

事實上，源自於西方中世紀的「世俗」（*saeculum*/secular）概念，本身暗示了人作為一種存在的根本時間性，因為它指涉的是一個介於「墮落」（fall）與「末世」（*eschaton*）之間，或說是「時間終止」以前的一種存在。這無疑是源自於基督教的想法。據其神學，上帝是超越時間的永恆存在，而人則是必須在時間維度之中才能經驗世界的有限存在。當然，人也可能藉著信仰而進入永恆的向度，但在此之前，仍必須在時間之內經驗神聖。

結構上，本書將三一八運動轉化成了一齣五幕劇。熟知喬伊斯（James Joyce）的讀者，不意外會注意到本書也有類似《尤里西斯》與荷馬史詩《奧德賽》平行對應的敘事方式，讓三一八與《聖經》之間存在一種對應關係。不過，神的話語《聖經》畢竟不是神話《奧德賽》，作者呈現了經文與事件的關聯性也同時意味著：發生於島嶼上的具體事件呼應了上帝承諾的信實。一方面，作者在有限的時間體驗之中經歷了永恆的神聖性；另一方面，三一八運動本身也提昇至具有神聖意義的五幕劇——如此一來，該運動所欲捍衛的人民主權乃至於民主制度本身，也似乎被賦予了某種神聖性。

不可否認，民主的神聖性究竟在於「天賦人權」，也就是來自於上帝的背書，還是來自於人民主權本身乃「不可侵犯」的世俗信念，本文留下了一個開放的解讀可能。前者是基督教的意義，後者則如同中國政府口中不斷重複的「自古以來神聖不可切割的領土」那般，根本與神無關！

不過，另一個更大的開放性解讀在於本書究竟是政治神學還是小說？誠然，作者採取了紀實文學的語言來寫作，記錄了他在整個太陽花運動之中不斷浮現於腦海的經文與事件發展的對應。上帝的話語於是既「光照」了三一八，也成了作者「所望之事之實底」。從基督教的觀點來看，這見證了上帝話語之確鑿。然而，從非宗教的立場來解讀，則至少是經文啟迪了作者身為一個運動參與者對於三一八整體意義的理解。然而，太陽花是否有聖靈參與，大腸花是否為五旬節的再現，乃至於本書究竟屬於哪一種文類，是一個基督徒的見證，還是一個說書人巧妙借用經文來鋪陳事件脈絡的虛構故事，決定權都在讀者本身的視角，不一樣的人肯定會讀出不同的寓意。

關鍵在於，一旦訴諸文字，無論是預言或寓言，都寫以相似的語言。不僅本書是如此，聖經也是如此。聖經是初代使徒冒著生命危險寫下的見證，但隨著時間的流逝，他們的親身經歷成了另一代人的傳說故事，神的話語最後也淪為不信者口中的神話。

細讀本書的讀者還將發現作者對於上述這一種時差的敏感度。書寫本身就是一種調整時間軸上事件與回憶的落差之個人行動。人是一種屬於時間的存在，即使上帝道成肉身，以永恆真理介入屬世的歷史，一個事件的意義終究仰賴書寫以及歷史記憶才得以延續，而且在不同世代人之間也必然取得不同的意義。經歷會成為回憶，回憶會成為先人的教訓，集體記憶的保存是抵抗時差的集體行動。一個國家的建立之初或許驚天動地，進入承平時期之後的追憶也必然相對黯然。

然而，除了書寫，我們別無其他方式。三一八事件是近年來島嶼上最大的公民運動，也是參與團體最多的一次。期間，來自不同史觀、歷史記憶乃至針對改革速度的快慢所引起的政治時差一度消失，讓共時感所取代，而一度淪喪的人民主權也得到恢復。雖然這樣的共時感並不持久，正如人們在朝聖過程之中得以短暫放下彼此差異與成見，邁向同一目標，終將在回歸日常後故態復萌，但回憶也足以撐起一個盼望。理解至此，本書可類比的對象也就從《尤里西斯》轉為喬伊斯的另一本著作《芬尼根的守靈人》。何以如此？跟三一八的遊靈走回現場一趟吧！

目錄

自序

他們都在想什麼呢？

為了避免一些誤解，我想在開始前做一些澄清。

這不是本神學書，也不是本釋經書，也不是講道集，在這些方面，我都沒有什麼資格發表言論，也沒什麼興趣這麼做。這本書說到底只是本個人的信仰反思，不應當把它視為任何比這更多的東西。

這本書也不希望招致任何「神化」書中人、事的揣測。本書的內容圍繞著台灣二〇一四年三月的事件，這件事無須神化——事件已然結束——但需要不斷反思檢討。反思檢討之功自有各領域有學識者進行，相反地，若真有神化之意，選擇基督信仰來說事絕對是最蠢的選擇。

本書分享的是一個親歷太陽花運動部分事件的普通基督徒所見所思。在那段我們共同見證的二〇一四年春天的時光裡，如果許多人的生命因此而改變——不論是因為受到公民衝進立法院大動作所震動，還是被行政院的警棍與水砲打醒——那基督徒顯然也不該完全無動於衷。不就是「重生」才成為「基督徒」的嗎？不都說我們在主裡有「新的生命」嗎？如果這些話是真的，那基督徒對於那年春天許多年輕人歷經的生命轉變，應有不同於非基督徒的理解——因為我們都死過一次，在生命裡的某個層面，我們都與過去的自己告別過。基督徒應該比任何人都更能了解這群年輕人在想些什麼。

台灣基督徒與教會是否能比其他社會群體更能了解太陽花運動中的青年所體驗的，我不知道。但太陽花運動的過程，倒是讓我對《聖經》與信仰有了新的理解。這些理解並不來自於閱讀各種神學著作，而是出於過往閱讀的經文與運動現場的畫面交疊的時刻。這些時刻讓聖經中數千年前的許多見證與描述，不再只是我想像中千里之外的事情，而是我用眼睛、耳朵、皮膚感受過的真實。經文，在又真又活的現實中重新浮現。

我只想記下這段在二〇一四年春天騷動的街頭上，恍若走進聖經時空中的一些片段。除了對我個人之外，這不見得有太大的意義。若要說這些記述與讀者有什麼關係，那就是：它是一分見證，是我們一起「記住」的嘗試。如果說基督徒這些先於眾人喊出「重生」的人，能有什麼和眾人分享的，那第一件事就是：基督徒是一幫堅持「記住」的人。基督徒群體的存在，靠的是有人記得，記得那年的春天，有個人在帝國統治下，在權貴的陰謀奸計、眾人的恐懼瘋狂、摯友的背叛遺棄下，在最徹底的絕望中，死在十字架上。他的死，在後來被傳揚到地極，傳播消息的其中一人發出了這樣的歡呼：

死啊！你得勝的權勢在哪裡？死啊！你的毒鉤在哪裡？

（哥林多前書十五章五十五節）

你說呢，在哪裡？

第一幕

黑夜

起初，是黑夜。

至少對我而言，整件事得從那天夜裡說起。當然，真要計較起來，事情的起頭未必能說得清楚。事實上，除了創世與終末，有哪個開頭和結尾是確定無疑的呢？就連耶穌事件[1]本身，〈馬太〉、〈馬可〉、〈路加〉和〈約翰〉四卷福音書，都各自選擇了截然不同的開場。那對於那場被冠以「太陽花學運」之名的**三一八占領立法院公民運動**，我們怎麼可能會有一個共同的故事、共同的起頭呢？

但既然這個故事纏著我，喋喋不休地要我將它描繪出來，我只能選一個最屬於我的方式述說，而這無非是那些最能將我帶回那段時期、那個空間的場景，只有這樣，我才能作為一個旁觀的遊靈，舊地重遊，沒人看得見我，但我可以看得見當時的自己，看得見你們，並再次體驗自己的心跳，將血液不斷推進我日益僵硬的血管中，而在那段時間裡，我發誓，我的血是熱的，並且越來越熱，越來越熱……。

但起初，是黑夜，而且非常冰冷，因為涼的是我的心。

那天晚上，是二〇一四年三月十七日，星期一。你不記得三一七，對不對？但「張慶忠的三十秒」，你一定還有印象，對吧？那天是三一七。但事實上，三一七那天早上，在張慶忠的三十秒降臨之前，已經有許多公民團體在立法院外靜坐，他們在一週前就已經宣布：從三月十七日開始，將持續在立法院外靜坐一百二十個小時——整整五天，也就是一個星期。這樣大的決心是為了什麼？為了阻止立法院通過黑箱服貿，這你都知道了……但那天，靜坐開始的那天，你還記得嗎？

那天早上，我去現場晃了一圈，人數不多，或許不滿百人。我心想：傍晚下班後，或許過來聲援的人會多一點吧？那時，三一八還沒到來，立法院的四周還沒有我們曾經朝夕相處了好幾個月的拒馬蛇籠——這景象，如今也已逐漸模糊了，對不對？

黑夜降臨之前，張慶忠在三十秒內宣布通過服貿審查，公民團體喊出要用一百二十小時守護的台灣民主，還不到十二小時，便已化為粉碎。

然後，黑夜降臨。

在《聖經》裡，黑夜的場景意味深長。

在黑夜裡，**神對人說話**：神警告亞比米勒不准強娶亞伯拉罕的妻子時，是黑夜[2]；神對以撒顯現，賜福給他的時候，是黑夜[3]；神在異象中呼喚雅各的時候，是黑夜[4]；撒母耳要傳給掃羅的話，是神在夜間向他說的[5]；神也在黑夜裡指教基甸，拆毀巴力的祭壇[6]；神在夜裡曉諭拿單：大衛不可為祂建聖殿[7]；神也在黑夜裡向所羅門顯現[8]；在黑夜裡給但以理異象[9]。

但神更在黑夜行使祂的大能。祂在夜裡以神蹟向基甸證明祂的信實[10]，也在夜裡將米甸人交在基甸手裡[11]；神在半夜巡行埃及地，殺了當地所有的長子、及一切頭生的牲畜[12]——「這夜是**耶和華的夜**，因耶和華領他們出了埃及地[13]」——；隨後，神在夜裡以火柱引領以色列人[14]；最著名的神蹟——分開紅海，正是在夜裡，神還用雲柱擋在埃及軍隊與以色列人中間，持續了一整夜[15]；露水與嗎哪，也在夜間降下[16]；神在先後兩夜讓蓖麻發生又乾死，曉諭約拿[17]；耶穌在夜裡四更天，行走在海面上[18]。

但三一七的夜晚，並不是這樣的一夜。

那天晚上，我到了立法院，看見幾個年輕學生，不久，P到了，一貫地一派倜儻，但神情卻罕見地異常嚴肅，幾個平常聚會的朋友漸次抵達，每個人臉上都是同樣的表情，無聲地問：怎麼辦？

OE也來了，平時聒噪得很，但今晚，大家都慌了。長久以來，在台灣的我們一直面對著被併入中華人民共和國的壓力，在網路上或是論壇的場合，討論、分享、批判、爭論，儘管大家經常對台灣社會一片和諧感到灰心，但從沒像今晚一樣，被幽微的絕望籠罩著。就算不說服貿具有濃厚的推進「統一」進程的意涵，也不說這項協議的簽署過程充滿爭議——台灣社會真的很在乎黑箱不黑箱嗎？先前都簽了多少協議了？但至少，這項協議衝擊多少產業，影響多少萬人的生計，台灣社會為什麼一片寂靜，留著這不到百人在今晚守在立法院前？守什麼呢？日落前決定通不通過，三十秒荒腔走板的鬧劇，台灣社會真的不覺得必須有所反應嗎？

P不久後和幾個人先離開了，臨走前還跟我說：「把現在的談話錄下來」，那時R正在跟我們聊台灣作為殖民地的處境是怎麼來的……。那天晚上我回家後，找了一段話貼在讀書會的臉書私密社團頁面上：

國家的生存絕對不是依靠法律，而是依靠立法權（……）我們可以把沉默當作默認〔……〕一旦公共服務不再成為公民的主要事情〔……〕國家就差不多毀了〔……〕為了懶惰與金錢，他們終於有了可以奴役自己祖國的軍人，與出賣自己祖國的代表〔……〕最後，國家在瀕臨毀滅的時候〔……〕公意沉默了，人人都受著自私的動機所引導，也就不再作為公民提出意見了，好像國家從來就不曾存在過。人們還假冒法律的名義，通過以個人利益為目的的各種不公正的法令。

（盧梭[19]，《社會契約論》）

三一七那天晚上，台灣公民社會是沉默的，這場運動被稱為三一八運動就是明證。我們的立法權在三十秒內化為糟粕，我們的懶惰，讓我們親手選出來的立法委員任意而為，出賣國家——啊，聖經中最著名的出賣，也發生在黑夜，在耶穌和門徒記念神彰顯大能、擊殺埃及境內一切頭生的人畜、唯獨逾越以色列人的那夜。在逾越節的晚餐，猶大吃了餅，就出去了，去找那些要網羅耶穌的人，他們給了他三十塊錢。三一七的晚上，在立法院前，有人問：到底我們的總統能換到什麼呢？

啊，你要說：以色列的國家依靠的是神，我們基督徒不來啟蒙主義這套，我們主張的是神權，不是人權[20]，我們的王是主耶穌[21]，我們的國不屬於這世界[22]……。但可否容我說：以色列的立法權不也在神手上嗎？神難道喜悅人民當中有王嗎？踐踏立法權，難道就榮耀神了嗎？難道不是自封為王，從而厭棄神嗎？我們是屬神的子民，難道不也是有君尊的祭司嗎？但如今的台灣，恐怕已經來不及討論這些……。

回家後，妻子和我倒是討論了移民，又一次。我們討論了很多次了。我該引以為恥嗎？但我生性多疑，不相信那些賭咒自己絕對不走的人。在那年的逾越節黑夜，彼得說過：「我願意為你捨命[23]！」耶穌說，就在這一個黑夜結束之前，你會三次不認我。但我倒是相信，會有人像那個年輕的門徒一樣，在羅馬士兵面前逃跑，卻又放不下耶穌，暗暗地跑回來，躲在人群中，一路跟隨，直到十字架前[24]……。又或者，我相信總會有耶利米一般的人，一輩子倒楣要對人民宣講神的話，最終還和那些亡國的餘民一起，被綁到埃及去；對一個先知而言，還有什麼比這更諷刺的？對一個民族講了一輩子那領他們出埃及的神所說的話，最後和這個民族的遺民一起被帶回埃及[25]……。

以色列的命運我們都很熟悉，但我們有沒有想過，台灣未來會步上什麼樣的命運呢？

我，以及一切我所愛的，會步上什麼樣的命運呢？

在三一七的黑夜，立法院前有不到百人在守望著，「守望的啊，夜裡如何？守望的啊，夜裡如何[26]？」我沒在那待到天明，但在家裡，妻子與我依舊難以成眠，「我躺臥的時候便說：我何時起來，黑夜就過去呢？我盡是反來覆去，直到天亮[27]。」這個夜裡，天上沒有出現神的使者跟我們說：「不要怕！我報給你們大喜的信息，是關乎萬民的[28]」，萬民還在沉睡，少數警醒的人還在苦思，而我，在妻的身邊躺著，天光透過窗簾，我卻找不到禱告的字眼。我心想：這個黑夜，是不會結束的了。

註釋：

1 參〈使徒信經〉第二段：我信耶穌，上帝的獨生子，為童貞女瑪麗亞所生，在本丟彼拉多手下受難，被釘在十字架上，受死，埋葬，降在陰間，第三天從死裡復活，升天，坐在全能父上帝的右邊，將來必從那裡降臨，審判活人死人。

2 創二十3。

3 創二十六24。

4 創四十六2。

5 撒上十五16。

6 士六25。

7 撒七4∫16；歷代志上十七3∫14。

8 王上三5。代下一7、七12∫22。

9 但二19。

10 士六36∫40。

11 士七9∫22。

12 出十二29。

13 出十二42。

14 出十三21∫22、四十38；尼九12、19；詩一〇五39。

15 出十四19∫23。

16 民十一9。

17 拿四10。

18 太十四25，可六48。

19 見盧梭，《社會契約論》，何兆武譯，台北：唐山。

20 見鐘日欣，〈當人權遇上神權〉，教會公報網路版（2016-11-15），以及梁家瑜，〈教會不應輕率地將神權降格〉，教會公報網路版（2016-12-13）。

21 見可十五2～32，路三1、十九14、27、二十三3，約十二13～15、十八37，徒五31、林前十五25，提後二12、啟十一15，二十4。

22 約十八36。

23 約十三37。

24 約十八15。

25 耶四十1到四十四30。

26 以賽亞書廿一11

27 伯七4。

28 見路二8～18。這段經文記載的是耶穌誕生在馬槽中時，天使在曠野裡向守夜的牧羊人顯現，宣告耶穌基督降生的消息，也就是基督徒所稱的「福音」、「好消息」。同樣是在這段經文裡，在天使宣告好消息後，有一隊天兵加入天使，讚美神：「在至高之處榮耀歸與神！在地上平安歸與他所喜悅的人！」。

第二幕

合城都驚動了

我也不告訴你們我仗著什麼權柄做這些事。

（馬可福音十一章三十三節）

當我們說到三一八的時候，指的是三一八**晚上九點**。在九點之前，「三一八」這個符號並不存在，它需要藉由人民的行動來降生。但在三一八晚上九點之後，「合城都驚動了[1]」。

一、密謀

那天下午，我接到H用Line傳給我的訊息，要我到立法院外碰頭。我儘管心灰意冷，但畢竟放不下心——或許，還不到絕望的時候吧？我心想。到了立法院外，幾個公民團體的成員分別在立法院正門旁（中山北路）、立法院側邊群賢樓門口（濟南路）靜坐。濟南路側門外，幾個年輕的工人正在搭舞台：今晚有晚會，「守護民主之夜」，我們又要守護民主了。我們一次又一次地守護民主，正好說明了：**有人一次又一次地攻擊民主**，然而，攻擊民主的，正是我們自己民主投票選舉出來的掌權者。

H找到在路邊東張西望的我。

「今天晚上有個特別行動，你能不能來幫忙？」

X！你們想幹嘛？

「晚上大約九點，我們要在台上唱歌的時候，發動突襲。」

啥？

「我們已經有人在準備汽球，灌墨汁，到時候要丟在『群賢樓』三個字上面，表示我們對立法院失職的抗議，黑色比較顯眼。你來幫忙拍照，傳上網，我們要透過網路，讓國際注意到這件事情。」

「喔，又來了」，我心想。這種象徵性的行動我已經厭煩了。但看H一副誠懇的樣子，我還是答應了。

那天晚上九點之前，我帶著我的相機，到了立法院前面。想不到，眼前上演的完全不是先前H告訴我的劇碼。

二、「耶和華與基甸的刀」

我到場的時候，濟南路邊的舞台上，拷秋勤正在唱歌。距離H和我約定的時間，還有五分鐘。

接下來的事情，你們都知道了，但是我當時並不知道。

拷秋勤正在台上Rap，《官逼民反》，我心想還有一點時間，便挽著妻子的手，從濟南路側門晃到立法院正門口，想看看公投盟的老先生老太太們。自從我回台灣之後，每次途經立法院，總會看到這群老人像傻子一樣，癡癡地守在立法院門口旁，盼著能喚醒路過的台灣人民：別忘了我們有個總統還被關在監獄裡。這些老者沒有西裝筆挺，看來就像是一群被擄之民，在黑夜的街邊寒風中，看了令人為之感傷。

但當我們走到立法院正門時，眼前的景象令人呆若木雞：這些平日不起眼的老人們，正一個個奮力向前，爬上立法院正門左右兩邊的牆上，不少人還使勁搖著牆上的欄杆。看著這些年長者不顧筋骨受傷的危險，面對著牆內舉盾執棍的警察毫不退縮，我竟然想起了：「耶和華的靈大大感動參孫」，讓他能撕裂獅子、面對仇敵、掙脫麻繩的束縛[2]……。這些老者在爬上立院欄杆前，是否也像參孫死前一樣，在心裡暗暗默禱：「主耶和華啊，求祢眷念我，神啊，求祢賜我這一次的力量[3]」？不是為了報仇，而是為了給年輕一代人開路！我們是否一直以為聖靈除了讓人被擊倒在地抽搐之外[4]，就不會再給人勇氣與力量？

但我沒有時間多想。看到立院正門前奮不顧身的老者，我知道：「出代誌了！」H告訴我的肯定不是全部的真相，或者他也不知道全部的真相，總之，我得趕快回到濟南路側門。妻想待在正門看顧老者，我和她說了一聲便往側門衝。經過群賢樓時，我還記得抬頭望了一眼，三個大字上面確實有幾片墨漬，我隨手拿起相機拍了兩張，算是能對H交代，便又繼續往前跑。拷秋勤還在台上唱著，但舞台旁邊的側門內外已經擠滿了人，裡面是警察，外面是前來「守護台灣民主」的人群。側門的欄杆比中山南路那側更高，我看見素不相熟的B，用瘦弱的手臂勾著欄杆頂端，另一隻手緊握著麥克風，對著在側門外呆立的群眾大喊：「快進來啊！你們到底要不要革命啊！我快撐不住了！」

當下我沒多想，相機往包裡一塞，三兩步便伸手抓住欄杆往上爬，在B的身邊不遠處找到一個警力薄弱的地方，翻身進了牆內。這時，我已在兩三排警察的背後，他們正擋著門外的群眾。越來越多人從欄杆翻進來了，警察面前的群眾似乎也開始醒了過來，向前推擠，過程中一個、兩個、三個人找到缺口擠了進來……我看到一位有過數面之緣的年輕醫師，我們抬頭正好對上彼此的眼神，兩人相視而笑……突然間，人群大喊：「有人昏倒了！」我看見一個女孩子倒在地上，好幾個年輕人趕緊在四周圍起來撐出一個空間，有人趕緊對警察喊話：「不要擠！不要擠！有人昏倒了！」我看見年輕醫師立時竄到女孩身邊，探視她的狀況……。

就在僵持不下的時候，欄杆旁傳來人群的喊聲：「這邊！這邊！」我探頭一看，旁邊地下停車場的鐵捲門正在升起，擠在濟南路門口的人群立刻一轟而入，許多人的身影在停車場的燈光照射下，在車道上拉出長長的影子，像是許多靈魂衝向那明亮的國度，隱沒在白光中……同時間，側門的警力也被沖散，許多人開始湧入。

我跟著人群往中庭跑，彷彿是在戰場上奔跑的士兵，事前卻根本不知道會有戰事。中庭一片漆黑，我看到前方建築物門口聚集了一團人影，喊叫說：「把國會還給人民！全面占領主席台！」

我認得這個場景。這裡是中華民國立法院，主後二〇一四年三月十八日，黑夜。這裡是基列山，米甸營，黑夜。「基甸將三百人分做三隊，把角和空瓶交在各人手裡」，儘管眼前「米甸人、亞瑪力人、和一切東方人都布散在平原，如蝗蟲那樣多」，但他吩咐「我和一切跟隨我的人吹角的時候，你們也要在營的四周吹角，喊叫說：『耶和華和基甸的刀！』[5]」。那天夜裡，三百個人靠著信心，靠著火把和號角，衝進了敵人的陣營。

三一七的夜晚，我徹夜難眠，三一八的夜晚，我看見三百人兵分三路，衝進了立法院中庭。那天晚上跟隨著基甸的三百名以色列士兵，聽見基甸的第一聲號角，想起基甸的吩咐，要喊出第一聲「耶和華與基甸的刀」的時候，是否和我一樣，覺得「只是喊口號罷了」？是否又和我一樣，震驚於眼前意想不到的場景，一方面為自己的缺乏信心感到羞赧，一方面感謝神，讓自己能與這三百人一起在這裡？

但我無暇想這麼多。妻子在哪？我趕緊打手機，卻沒人回應。我跟著另一群人往另一側的中庭跑去，青島東路的圍牆欄杆內，也已經湧入了一波人群。我在人群中發現妻的身影，趕忙湊過去將相機交給她：我希望她不要擠到人群中受傷。眾人正朝議場側門推擠，警察與群眾兩股人牆互相較勁，突然間，我聽見身後傳來喊聲，有人要大家再回到議場正門口。我知道他們在調虎離山，牽制警力。但我沒有時間讚嘆年輕人的反應迅速，側門的玻璃已經被打破，人們一擁而入，擠進了立法院議場。

我也從人牆中擠出來，拉著妻的手，一起走了進去。

三、洞穴與光

議場內，呼聲此起彼落。沒有燈，現場一片黑暗，有人拿手機的光照著議場主席台。我看見好多年輕人踩上主席台的桌子，拉開布條，喊著口號，影子在主席台後面的牆上晃著。好多人在喊：「開燈！開燈！」沒有燈，我們看不清彼此，也看不見這個立法院院會議場。

看著牆上舞動的幢幢黑影，我想起了柏拉圖說過的一個故事，故事中，蘇格拉底說了個奇特的比喻，比喻一群奇特的囚徒，被關在洞穴中，手腳被鍊子綑在一起，每個人都無法動彈，在洞穴中只能望著眼前的壁面，壁面上有倒影，因為有人在他們背後用火光演皮影戲給他們看，但這群囚犯從來不知道眼前的畫面是精心安排的——因為**媒體被壟斷了**；演出皮影戲的是看守的士兵——**黨政軍**控制媒體。多麼絕望，又多麼寫實的一個比喻啊！但蘇格拉底卻接著問：如果，有個人解除了桎梏，能夠站起來，左右環顧，那會怎樣呢？他會發現自己是**奴隸**，過去眼前所見盡是虛假……。而如果，我們拉他到洞穴外，讓他看見真正的太陽，真正的光，等他的眼睛適應了之後，他就會看見真正的世界。這樣的一個人，再回到洞穴後，會怎樣[6]？

在立法院院會議場，我看到的這些人，做了柏拉圖借蘇格拉底的嘴都沒敢說出的想像：奴隸們在洞穴中站起來了！火光倒映在牆上的不再是愚民的影像，而是奴隸們自己的身姿……他們高舉著雙手，扯開的布條上寫的是他們看見的真實世界：「馬英九恢復戒嚴」……蘇格拉底被處死了，這些年輕的生命呢？

議場一片黑暗，我們要光。

在聖經中，光也意味深長。

光是神的第一個創造，是神所說的第一句話，那句話是：「要有光[7]。」

神創造光，神也奪走光，當法老王在蝗災後再度反悔，神指示摩西「向天伸仗，埃及遍地就烏黑了三天。」所以，光是神的祝福：「三天之久，人不能相見〔……〕唯有以色列人家中都有亮光[8]。」在出埃及的路上，神以雲柱擋在埃及人與以色列人之間，「一邊黑暗，一邊發光，終夜兩下不得相近[9]」——神用光區隔出自己的選民——光是神的屬性，「神就是光，在祂毫無黑暗[10]」——所以我們說「神的榮光」[11]，這榮光可以是人的後盾[12]，但其威嚴也令人感到需要躲避[13]。屬神的人也應有榮光，所以約伯哀嘆：「他剝去我的榮光[14]」。主的使者和耶穌都有榮光[15]，而做為跟隨耶穌的基督徒，我們也分享了這份榮光[16]。光是我們信仰的記號。

而現在，立法院議場內沒有光，但立法院豈是現在才沒有光呢？在張慶忠三十秒違規通過服貿時，立法院裡面的光不是就滅了嗎？神不是對暗中奪人妻女、設陷阱取烏利亞性命的大衛說過：「你在**暗中**行這事，我卻要在以色列**眾人面前，日光之下**，報應你[17]」嗎？這個服貿協議，難道不是在暗中簽訂的嗎？簽訂前，難道經過立法院的討論，召開過公聽會讓全民了解、表達意見嗎？要不然怎麼叫做黑箱服貿呢？這群年輕人在議場內呼求光亮，難道不也是要這光照進被黑暗遮蔽的立法院，要將暗中簽訂的服貿拉到日光之下，眾人面前嗎？

柏拉圖筆下，蘇格拉底口中那個有幸能離開洞穴，看見真正的陽光與大地的囚犯，回到洞穴中，將真相告訴囚犯朋友們，卻不被信任，受盡譏嘲。但希臘人的世故，在福音中被勝過了，那個見過聖父的耶穌來到人間——人間就是洞穴，人就是囚犯——他是那個「召你們出黑暗進入奇妙光明者[18]」，這光就是神，神親自以光與祂所揀選的奴隸民族同在，而今，闖入立法院議場的年輕人也呼求光明，他們也要勝過希臘人的世故，他們要求光，恰恰反映了占領立法院行動具有要求光明的性質，他們像是基督徒一樣，相信「在祢的光中，我們必得見光[19]。」

然後，燈亮了，整個議場都被包圍在亮光之中，眾人響起一片歡呼。

四、聖地與聖殿

議場內燈亮了，眾人終於看見自己所在之處：代表公民意志的立法院。當下有約莫兩百多人在議場內，現場氣氛依舊緊張，大家都不知道警察會在什麼時候衝進議場，有人開始搬動議場內的座椅——立法委員的座椅，我們選出來代表我們的人、納稅給他們錢來研究國事、立法修法的人的座椅——堵在幾個門前面。有人說：警察大概會在半夜清場。我們的統治者已經習慣於驅趕人民，習慣到人民也多少了解統治者驅趕的標準程序。無論如何，知道還有一點時間，大家都暫時鬆了口氣。許多人在議場內四處走動，我和妻子靠在一張桌子旁休息——畢竟不是年輕人了——倒是有幾個年輕人湊過來問：「疑？這是 A 的座位嗎？」挪開身子一看，果然沒錯，霎時間年輕人爆出一聲歡呼：「欸欸欸！你們來看！這是 A 的座位耶！」大家笑成一片。同時，主席台前開始有幾個學生領袖上台說話，告訴在場的群眾接下來可能會被警察清場，希望無法承受或是沒有心理準備的人先離開——相較於我們的統治者，這些年輕人才真的是把人當人看。

做為公民站在這個代表公民意志的空間中，是一種奇妙的感覺，這感覺在一瞬間從我心頭湧出，充塞胸臆——我感到是滿腹的委屈：原來，我作為公民，卻從來沒有踏入過這個代表我的地方，他們給我們投票權，好將我們趕出立法院；而在親眼看到自己的雙腳踏在議場的地面，親手摸到上頭紅色地毯絨毛的時候，我的委屈得到了某種安慰：我終於成為了一個民主國家的公民。

這時候，我看見當記者的SP，我們打了照面，他臉上滿是笑意，一種我相信他自己都不知道自己在笑的笑意，這種表情只會出現在真正感到幸福的人身上。他朝我走了過來，低頭對我小聲說：「我當了十六年記者，都沒走進過這個地方。」SP告訴我：原來，這個議場是禁止立委以外的人進入的，就連立委助理都不行。幾十年來，只有過一位助理破例進入議場，因為他的立委是盲人，需要助理領他到座位上。除此之外，只有參與審議、質詢的立法委員和行政官員進入過這個議場。這是個名符其實的聖地。

在聖經中，第一個聖地是神對摩西說話之處，那裡有燃燒的荊棘，神對摩西說：「不要進前來，當把你腳上的鞋脫下來，因為你所站之地是聖地[20]。」聖地是什麼樣的地方？是「約櫃所到之處[21]」——約櫃是擺放十誡之處，十誡是神與以色列人的約定，神是立法者，以色列人是人民，十誡就是憲法——聖地是尊崇人神之約的地方，是「宰贖罪祭牲和燔祭牲之地[22]」，因此，「要留心殿宇和聖地一切出入之處[23]」，不可「玷污了我的殿，又背了我的約[24]」。

如果立法院是我們的聖地，議場是我們獻祭的聖殿，那立委們就會是利未人，「必在我的聖地當僕役，照管殿門，在殿中供職」，他們「必站在民前伺候他們[25]」——利未人是服事人民的，立委也是服侍人民的；利未人得人民獻祭的肉，但祭物是獻給神的，立委得人民納稅的錢，但錢不是納給立委的。未受割禮的不得進入聖地——與神沒有約定的人不得進入聖地，這些人是外邦人。利未人若領人民拜偶像，便「不可親近我（……）卻要擔當自己的羞辱和所行可憎之事的報應[26]」，而今，立委難道沒有領人民拜偶像嗎？沒有將不尊重人民的約定——民主憲政——的外邦人領到聖殿中嗎？正巧，有人在張慶忠立委的抽屜裡發現了許多中資財團的名片……身為基督徒，我們難道不知道褻瀆聖殿的後果嗎？如果我們「在其中製造可憎可厭的偶像」，將這殿「看如汙穢之物」，神不是說「我必將這殿交付外邦人為掠物，交付地上的惡人為擄物，他們也必褻瀆這殿」嗎？神為什麼要如此破壞那尊崇神人之約的聖殿呢？豈不是因為「城邑充滿強暴的事」，所以神才說祂「必使列國中罪惡的人來佔據他們的房屋」，好「使強暴人驕傲止息[27]」嗎？我們的立委驕傲，會讓我們的殿被交付給哪一個國家呢？

直到今天，許多人還在困惑：占領代表人民意志的立法院，是否是違反民主的行為？三一八究竟是民主的公民不服從，還是踐踏民主的暴民之舉？如果我們記得，是掌權者先踐踏了立法院——民主聖殿，那麼看到聖殿被踐踏時，耶穌的反應是什麼？

祂清潔聖殿。

事實上，祂不只清潔聖殿。如果我們試著還原當時的場景，我們就會發現：耶穌做的是有計畫的占領行動。

根據〈馬可福音〉，「耶穌進了耶路撒冷，入了聖殿，周圍看了各樣物件。天色已晚，就和十二個門徒出城，往伯大尼去了[28]。」第二天，他們從伯大尼出來，「他們來到耶路撒冷，耶穌進入聖殿，趕出殿裡作買賣的人，推倒兌換銀錢之人的桌子，和賣鴿子之人的凳子。也不許人拿著器具從殿裡經過[29]。」顯然，耶穌在著名的「潔淨聖殿」行動之前，已經先進了一次聖殿，看過場地，勘過景。第二次進聖殿「翻桌」，是有預謀的。如果我們繼續看下去，「每天晚上，耶穌出城去[30]。」之後，「他們又來到耶路撒冷，耶穌在殿裡行走的時候，祭司長和文士並長老進前來，問他說：你仗著什麼權柄做這些事？給你這權柄的是誰呢[31]？」祭司長和文士並長老說的「這些事」是指什麼事？是指清潔聖殿嗎？如果我們注意到耶穌「每天晚上出城去」又「來到耶路撒冷，在殿裡行走」，很明顯，這件事情持續了好幾天，意即，有好幾天的時間，聖殿裡沒有人兌換銀錢、沒有人賣鴿子、也沒有人拿著器具走來走去。

耶穌在耶路撒冷占領聖殿，因為聖殿被褻瀆了。

我們在台灣占領立法院，因為立法院做為民主國家的聖殿，被褻瀆了。

五、尼羅河的血

議場的燈一亮，我抬頭環顧四周，心中便暗叫不妙。警察雖然尚未開始清場，但大部分人都已進入議場，我們等於是被警察包圍在議場內——圍城狀態！我心想：得趕快招集更多人，便拿出手機拍了張照片，上傳到臉書，加上文字說明：「台灣年輕公民已經占領立法院院會，能來的快來！」才剛按下「上傳」，想不到手機螢幕一黑——沒電了！我的信息落入無邊的黑暗中。有人看得到我傳出的求救訊息嗎？

現場情緒還是一片興奮。在二樓的記者看臺，我看到有人用繩子垂了一些睡袋和水下來。在一樓議場內，先是有學生上台說話，然後有大學教授上台向大家說明警察攻堅時該如何行使公民不服從的和平手段，一開始他先問：「在座沒有被警察抬過的可不可以舉手一下？」現場好多隻手舉了起來，又是一片歡呼聲——當然是鼓勵的歡呼，為了未曾參與過抗爭、未曾面對警察暴力的新人加入而歡呼；但我現在想：這樣的興奮、甚至是歡欣，是為什麼呢？難道面對敵人，很興奮嗎？在場的年輕人們，難道聽過大衛的詩：「摩押是我的沐浴盆，我要向以東拋鞋，非利士啊，你還能因我歡呼嗎[32]？」大衛說敵人不能再因他而歡呼，因為他知道「我們倚靠神才得施展大能[33]」，那這些年輕人的歡呼是倚靠什麼呢？倚靠未曾被警察抬過的弟兄姊妹嗎？或者，他們是在「大聲歡呼說：『願恩惠歸與這殿！』」，但他們難道知道「不是倚靠勢力，不是倚靠才能，乃是倚靠我的靈方能成事[34]」嗎？

但不論倚靠什麼，現場的年輕人們已經打算以和平非暴力的方式，等待警察清場。我抽空到議場旁走道後頭的廁所小解，出來到窗邊，遇見一位曾經見過一面的研究所學生靠著窗戶，正點上一根菸。我們打了聲招呼，語調中還透著驚奇、興奮與恐懼交雜的情緒。

「你知道我想到什麼嗎？」我問，她吸了口菸：「五二〇？」我搖了搖頭。她說的是一九八八年的五二〇農民運動，那場運動中，警察與民眾在立法院前爆發激烈衝突，等到凌晨，憲兵以踐踏靜坐者的方式強力清場。我知道，她也在擔心過了半夜，警察會用什麼方式淨空議場。但我想到的是另一個場景：「高雄市政府。」

她立刻嚴肅地點了點頭。她知道我想到的是什麼。

一九四七年，一樣是三月，三月六日，中華民國國軍高雄守備要塞陳國如部，在下午攻擊高雄市政府，對聚集在市政府內手無寸鐵的參議員與地方人士大開殺戒。根據前高雄市長王玉雲的回憶，當他從市政府地下室救出胞弟時，地下室裡的積血深逾五公分。

對，我在幻想中，害怕警察進來開槍掃射。如果一九八九年春天，北京的大學生占領了中華人民共和國的人民大會堂，你說會有什麼結果？而中國國民黨在一九四七年三月，就連並非為了抗議而聚集的正式市參議員，他們都可以無預警屠殺了，現在出現了史無前例的占領立法院，他們會怎麼做？

當然，我們都會推測：我們已經民主化了，開槍會盡失民心，是我想太多了，不可能的。理智點推論，確實如此。但我記得發生過這件事，我知道當年下令開槍的人並未受到審判，我們沒有任何判例確保這樣的事情不會重演，我們唯一的信心只有這個社會對民主人權還有基本的堅持。而這樣的信心，在民主剛在立法院遭到踐踏後不到兩天，在我們進入立法院議場後不到兩小時的此刻，就像她手中的菸一樣，彷彿再多吸兩口就會化為灰燼飄落。我記得那年春天高雄市政府地板上有過五公分的積血，是我太執著於過去嗎？何況那還是我從沒親眼見證過的過去？

但在聖經中，上帝並沒有忘記過去。曾經，埃及法老下令：「你們為希伯來婦人收生（……）若是男孩，就把他殺了」，「以色列人所生的男孩，你們都要丟在河裡[35]。」數千年後，有位猶太哲學家寫了本審判紀實報告，審判的是另一場對猶太人的屠殺，在這份報告的〈後記〉中，她終於為這件事找到了一個較為合適的字眼：「行政性屠殺」（administrative massacres）[36]。對於下令執行行政性屠殺、將男嬰全部丟入尼羅河的埃及法老，神的回應是什麼？

「耶和華這樣說：我要用我手裡的杖擊打河中的水，水就變作血；因此，你必知道我是耶和華。」「摩西、亞倫就照耶和華所吩咐的行。亞倫在法老和臣僕眼前舉杖擊打河裡的水，河裡的水都變作血了。河裡的魚死了，河也腥臭了（……）埃及遍地都有了血[37]。」

這是十災的第一災：血災，尼羅河的水變成血。神在做什麼？

如果我是在埃及為奴的希伯來人，聽說了有個叫做摩西的跟大家說：我們的先祖亞伯拉罕、以撒、雅各的神，要帶領我們離開為奴之地；然後聽說這個摩西跑去找法老王談判，結果談判失敗了，第二天，我到河邊，看見父母、鄰居曾經私底下說過的這條吞沒了無數希伯來男嬰的河完全變成一條血河，我會怎麼想？

「神沒有忘記我們經歷的恐怖。」

「神果真來了，而且祂在對奴役我們的法老王說：你以為我不知道你對希伯來人做了什麼事嗎？」

神在審判。祂用象徵性的行動，同時對法老與奴隸昭告轉型正義的到來[38]。作為十災的第一災，神已經清楚地表明立場：受迫害者是我的，我和他們站在一起[39]。

而今晚，在這個立法院議場，我們是否能看見，二〇一四年三月的這個政府，已經不再能對我們做一九四七年三月時做過的事呢？

她把菸掐熄，我們一同回到議場。子夜了，年輕學生們開始在議場中央坐下，勾手，等待警察攻堅。而我則拉起妻子的手，通過走道，上了二樓記者區。

六、「萬軍之耶和華」

走上二樓的路程很短，但我腦袋裡一片混亂，彷彿這段路沒有終點。我覺得我背叛了議場中的所有人，我踏入議場時感到成為民主國家公民的驕傲，頓時間全化為羞愧。我有我的理由：如果讓妻子面對警察清場，我不確定自己能不動手反抗。

「人到我這裡來，若不愛我勝過愛自己的父母、妻子、兒女、弟兄、姊妹、和自己的性命，就不能做我的門徒[40]。」

啊，真是如此嚴苛嗎？

其實當時我沒想到那麼多，只覺得心裡滿是羞恥——我希望沒人注意到我離開。然而，當我和妻子上了二樓，走進記者區之後，突然聽到從樓下議場傳來AR的聲音，大聲地喊著我的名字：「家瑜！」

不知道為什麼，我心裡竟然有一種像是在汪洋中抓到浮木的感覺，我趕緊湊到記者區看台邊回應：「在這裡！」

「幫我們拍照！拍警察！」

想都沒想，我大聲答應——

「好！」

我知道這是什麼感覺。「彼得遠遠的跟著」，「站在門外」，「在外面院子裡坐著[41]」，那天晚上天亮雞鳴之前，他三次不認主。在我心裡，我暗暗感謝神，出聲喊我的不是警察，而是一起闖進議場的朋友。那天晚上，彼得在敵人的包圍中，孤單的他並沒有遇上弟兄姊妹的呼喚，他被迫要在敵人面前決定是否要否認自己。這天晚上，我則是懷著愛情的藉口轉過身背對弟兄姊妹，卻得到弟兄姊妹的呼喚，在沒有敵人環伺的安全處境下，得到一個機會，肯定自己不夠勇敢的心意。

我平復了一下心情，進了記者區，我看到馮光遠坐在第一排，專注地觀察現場。有幾個記者我不認識，但我看見了經常出現在社運現場的攝影師黃謙賢，以及以自費拍攝《不能戳的秘密》踢爆禽流感疫情、同時將台灣的報導紀錄片推上新高度的李惠仁導演。李導和我打了招呼，臉上掛著一貫捉狹的微笑，湊過來跟我說：「喂，你知道外面走廊角落都有便衣躲著嗎？」彷彿這是件有趣的事情一樣，還要我跟著他在二樓再轉一圈。李導圓圓的笑臉很可愛，但笑臉底下的大膽也是我所僅見的。

我隨他到走廊轉了一圈，他還想到一樓議場外走廊看看，想不到之後就沒再見他回二樓了。第二天我才知道，他被警察抓了，攝影機還被摔壞。

警察開始攻堅了。立法院議場共有八個進出口，先前已經被議場內的年輕人用各式各樣的方式架起防禦工事，但畢竟是臨時搭的，警察很快就開始從上頭的椅子開始拆卸。很快地，他們就會和學生面對面。現場兩百多人，八個門如果警察同時攻堅，很快現場就會被清光。

我看這樣不行，將相機交給妻，想到二樓外面走廊看看——如果警察也攻堅二樓沒有幾個記者的記者區，那今晚一切都將成為無足輕重的傳說。但剛走出記者區，我便聽到嘈雜的聲音，走過轉角一看，我幾乎不敢相信眼前的景象。

二樓記者區的左側走廊，已經站了許多年輕人，並且還有更多人不斷從走廊邊的窗戶湧入，像是潮水一般。我走過去湊到窗邊一看，外頭青島東路側門內的廣場上已經擠滿了人，不知是誰找來了長梯，人們先是爬上側門天台，再從天台爬進二樓窗戶……他們都是從哪來的？有人看到我傳出去的照片嗎？議場內的朋友們都傳了照片出去嗎？我們在這裡的事情，全台灣知道了嗎？

今天晚上，大家都醒著嗎？

我認得這個場景。如果要以電影作比喻，這裡就是《V怪客》片尾「火藥密謀紀念日」，V怪客分送全國V怪客面具，而那天晚上英國人民真的帶著V怪客面具，依約來到國會殿堂前，等著聽《一八一四年序曲》——柴可夫斯基歡呼祖國戰勝帝國威脅的曲子，由悲戚的弦樂開始，彷彿是俄羅斯農民訴說著在砲彈底下伴隨著恐懼的生活；隨著旋律步伐加快、聲部間你來我往，宛如兩軍間的戰事激烈開展，直到最後的高潮，在砲聲中迎向最終的勝利，在教堂鐘聲中融為一體——電影中則是在砲聲中炸掉了英國國會。在炸藥與煙火四射的倫敦夜空下，英國人民紛紛抬起頭來，拉下面具，以他們**自己的面貌**見證宰制權力的傾頹倒塌……。而今天，在現實中的台北，這些人趕來不是為了看國會被炸掉，而是為了守護在國會中點亮光芒的年輕人……隨著一雙又一雙年輕或年老的雙腿蹬上梯子、翻過窗戶，我幾乎聽到柴可夫斯基興奮的交響樂益發激昂……。

在聖經中，我只想到一個場景能描繪出我當下心中的感受：

「大衛因怕基士的兒子掃羅，躲在洗格拉的時候，有勇士到他那裏幫助他打仗（……）都是便雅憫人掃羅的族弟兄（……）迦得支派中有人到曠野的山寨投奔大衛，都是大能的勇士，能拿盾牌和槍的戰士。他們的面容好像獅子，快跑如同山上的鹿（……）又有便雅憫和猶大人到山寨大衛那裏。大衛出去迎接他們（……）那時天天有人來幫助大衛，以致成了大軍，如同神的軍一樣[42]。」

神的軍！是啊，這是我們的神的名字——萬軍之耶和華。將撒母耳賜給不孕的哈拿的，是萬軍之耶和華[43]；擺放十誡（憲法）的約櫃，被稱為「坐在二基路伯上萬軍之耶和華的約櫃[44]」；大衛面對歌利亞，靠的是「萬軍之耶和華的名[45]」；萬軍之耶和華「與我們同在（……）是我們的避難所[46]！」；祂「因公平而崇高（……）因公義顯為聖[47]」；雖然「亞述王用棍擊打你，又照埃及的樣子舉杖攻擊你[48]」，祂要我們不要懼怕，「雀鳥怎樣搧翅覆雛，萬軍之耶和華也要照樣保護耶路撒冷。祂必保護拯救，要越門保守[49]」……聖經中稱呼神「萬軍之耶和華」兩百七十多次，傳遞了警告、保守、詛咒、盼望的訊息。今晚，就在警察開始攻堅的凌晨時分，我看見許多台灣人為了守護第一波占領立法院的公民們，群聚到立法院。這些人不屬於任何團體，沒有人命令他們來——我第一次認識到，什麼叫做萬軍——他們在祢的手中嗎？他們的心意，體貼了祢的心意嗎，耶和華？

側門廣場內外的人越來越多，越來越多人湧入二樓窗戶，我看到平日長髮飄逸的年輕教授 C 也來了。看到他進了二樓，我精神大振，一把拉了他到記者區讓他了解狀況。他想進議場內，我帶著他下了一樓，那裏的警備已經開始變得密集，我們倆不得其門而入，正要上樓梯時，我從一個警察背後閃身而過，但 C 卻被警察擋了下來，架了出去。我的手機沒電了，無法得知他的狀況，過了好久，才透過妻的手機從友人處確認 C 沒事。

我們依然壟罩在警察清場的陰影下，而場外聚集的群眾也越來越多，形成了警察包圍議場，群眾包圍警察的態勢。警察先後發起四波攻堅行動，到了後來，議場幾道門前的防禦工事幾乎要被警察拆光了，眼看再幾次猛攻，他們就要攻進議場。二樓已經站滿了人，無法再讓更多群眾進來。議場內的主要發言人繼續向警察喊話，外面群眾給了場內莫大的鼓舞。我聽見林飛帆帶著場內的人對外面的群眾齊聲大喊：「謝謝你們！」想不到外面竟然傳來歡呼的回應——我走到樓梯旁從窗戶探出頭——天快亮了，議場左右兩側的人都從廣場內滿到車道上，兩邊都有人拿著麥克風對群眾喊話，青島東路這邊甚至還從議場側門處讓出了一條通道，有兩個警察被拉了出來，悻悻然地沿著通道走了出來，這邊的指揮透過麥克風喊著：「讓警察安全出來！」

三一八的夜晚過去了，在嶄新一日的天光中，我們守住了議場。在這天，人民的聖殿，回到了人民手中。

註釋：

1 太二十一10。

2 士十四6、19、十五14。

3 士十六28。

4 聖靈擊倒在地抽搐的現象，是基督教特定教派的教會實踐。本稿不予置評，唯想指出經文中曾經有過其他關於神的靈的記述。
5 士七12、16、18。
6 參柏拉圖，《理想國》，〈第七章〉。
7 創一3。
8 出十22～23。
9 出十四20。
10 約壹一5。
11 出十六10、四十34；利九6、23；民十四10、十六19、42、二十6；申五24；列上八11；代下五14、七1～3；結四十三2、4～5、四十四4；哈三3。
12 賽五十八8。
13 賽二10、19、21。
14 伯十九9。
15 路二9、九32；約一14。
16 林後三18。
17 撒下十二12。
18 彼前二9。
19 詩三十六9。
20 出三5；徒七33。
21 代下八11。
22 利十四13。

23 結四十四5。
24 結四十四7。
25 結四十四11。
26 結四十四13。
27 結七21∫24。
28 可十一11。
29 可十一15∫16。
30 可十一19。
31 可十一27∫28。
32 詩六十六8。
33 詩六十六12。
34 亞四6∫7。
35 出一16、22。
36 漢娜．鄂蘭，《平凡的邪惡：艾希曼耶路撒冷大審紀實》，施奕如譯，台北：玉山社，二〇一三。頁317。
37 出七17、20∫21。
38 讀者可參考二〇一六年六月二十二日中華民國立法院所通過的《促進轉型正義條例》。在該條例第二條中，訂定轉型正義相關事項第二項為「清除威權象徵、保存不義遺址」。近期關於轉型正義的討論，讀者可參考〈轉型正義研討會——學者：最重要的是文化轉型，「汙名化」情緒必須化解〉（風傳媒，二〇一六年十月三十日），http://www.storm.mg/

article/183781。

39 在二〇一七年一月十三日，台灣赤燭遊戲發行了一款電子角色扮演遊戲，名為《返校》，在遊戲場景設定中，也有一個血河奔流的角落，意義與此相似。

40 路十四26；太十37。

41 路二十二54；太二十六69；可十四54；約十八16。

42 代上十二1∫22。

43 撒上一11。

44 撒上四4；撒母耳記下六2。

45 撒上十七45。

46 詩四十六7、11。

47 賽五16。

48 賽十24。

49 賽十三5。

第三幕
牧人與羊群

我也必將合我心的牧者賜給你們，
他們必以知識和智慧牧養你們。

（耶利米書三章十五節）

那天早上，你在哪裡？

你在上班，你剛下班；在學校，在早餐店，在床上賴著，在離去或歸來的路途上，在通往下一站的捷運車廂裡，或是和許多人一起擠在公車上，而公車和許多車一起卡在路中央……不論你在哪裡，都將在不久之後，聽見昨夜發生的一切。那一刻的感覺，你還記得嗎？

三月十九日的清晨，沁涼的空氣和議場內緊張的氣氛，與議場外持續湧入青島東路側門中庭的熱情支持，混雜成一股激越的暖流，我在其中，儘管疲憊，卻依然精神奕奕。

戰爭開始了。

這不是砲火與鮮血的戰場——三月十九日的清晨，立法院外的群眾手無寸鐵，倒是被群眾包圍的警察不缺盾牌與棍棒——戰爭，是**日常生活的終結**，開始於我們茫然不知未來將走向何方的那刻。**前所未有的事情頭一次發生了**。我們每日都對明天依然為奴滿懷信心，在埃及的四百年如此，在兩約之間的四百年也是如此，一直到解放降臨時，我們才惶然自問：真的能放下一切，跟隨祂嗎？

原來，拯救的意思是：儘管不知道會發生什麼，但還是要跟隨。今天，警察會清場嗎？

我和妻子騎機車飛奔回家。

我們的相機和手機業已耗盡電力，與其待著，不如回家充電，這是拿攝影機的我們唯一能做的。從二樓的窗戶爬到一樓大門上的高台，再由鐵梯拾級而下，走進人群中，我感到一陣暈眩。FY迎面走來，蒼白的臉上流露著興奮的笑容，到我跟前，給了我一個好大的擁抱。我瞥見街角的WT，揮了揮手，便和妻子偕同離開了現場。

一、見證

回到家，我趕忙將昨天拍攝的影像過到電腦裡，同時打開臉書。平時，臉書上數百個臉友像是公園裡散步一般，自在輕鬆地偶遇又相離，或是獨坐一隅，任人觀賞。但在三一九的早上，所有人都望向同一個地方，彼此傳遞信息。我看到有人通報：保安第四、第五、第六大隊的車子已經開向立法院，一時急得不知如何是好，只得先順手轉發消息：

朋友們，保四、保五、保六都到了立法院了。請大家放下一切，前往立法院。台灣人民第一次踏進國會，中華民國政府出動台北、新北、彰化、高雄等地的保安警察，這已經不只是審議程序、不只是服貿、而是民主體制存在與否的問題了。我們政府要用暴力毆打和平抗議的人民，就在代表人民的立法院裡！請大家到立法院，支援被全國各地警察包圍的學生！

我自己呢？我恨不得該死的傳輸線能瞬間把檔案過完，但願攝影機電池能瞬間充飽電力，好讓我能立刻再衝回立法院。但看來機器服從物理的法則，奇蹟並未發生。昨晚AR在議場對身在記者席的我大喊的聲音還在我腦海裡迴盪，我不能空手回去。如果政府真的動了棍子，我得讓那景象永遠留下。

訊息持續湧入，我第一次看到臉書刷新得如此之快。「剛剛我親眼目睹警察對手無寸鐵的學生圍毆，現在警察專抓落單的民眾用暴力手段強制抓出立院外，請各位不要單身前往警察多的地方，他們不是我們想像中的那樣」、「鎮江街要架拒馬了」、「場內、場外直播都停了」、「鎮暴警察在部署了，要對付議場裡的人民。可以來現場的快來，請把消息放出去，保護裡面人群。警察不准裡面的人走動，不准上廁所，甚至連水都不允許我們送進去！」、「立院現場缺氧氣瓶、醫療用品（包紮，冰敷）」……。等到出現〈鎮暴警察入場，桃園保警支援〉的消息時，我禁不住在貼文中大喊「快來！快來！大家快來啊！」到處傳來消息，在電腦前的我們，都感到耶利米的焦急：「我心在我裡面煩躁不安。我不能靜默不言，因為我已經聽見角聲和打仗的喊聲。毀壞的信息連絡不絕（……）我看見大旗，聽見角聲，要到幾時呢？[1]」

但以色列的禍患，不正是耶和華降下的嗎？不正是因為以色列背離了耶和華，「招惹這事[2]」嗎？今天，難道是占領立法院的公民背離了政府嗎？還是這個政府背離了以選票、稅金和順服，賦予它一切權力的人民呢？難道選上了總統，就自以為君臨天下，甚至還道成肉身，以致「天上地下所有的權柄都賜給我了[3]」嗎？不然，他怎麼覺得可以派保警來立法院驅逐人民呢？

網路上形成了「前線激發了廣大情報網，情報網又動員更多人自願站上前線」的循環。檔案過好了，我當下決定：先把政治大學社會系黃厚銘教授在立法院議場的演講剪接出來，他用了十分鐘左右的時間，扼要說明了非暴力抗爭的理念與作法。我想，這對於正要前往立法院的台北市民而言，多少會有點用處。

當時我並不知道，正要前往立法院的，遠不只是在台北的學生與青年。我也沒想到，有另一批人也在剪接，剪出來的是令我瞠目結舌的內容。

三一九當天，再沒有媒體能夠遮掩服貿議題，但卻有新聞下標成：「學生立院，慶功，開趴？」、「議場當自家，翻箱倒櫃，倒頭就睡」、「喝啤酒反服貿照曝光」……啊，「太初有道（In the beginning was the Word），道與神同在，道就是神[4]」；道就是話，話就是媒體，媒體就這樣當起神了，祂「說有就有，命立就立[5]」，「祂一吩咐便都造成[6]」，「萬象藉祂口中的氣而成[7]」，「諸世界是藉著祂的話造成的[8]」，我們的媒體，是不是也覺得自己宛如萬軍之耶和華呢？在二○一二年的反媒體壟斷運動，不正是因為中時集團蔡衍明麾下的媒體發動了萬軍之力，追殺一個學生和一個學者嗎？

「不可作假見證陷害人。[9]」，還有人記得嗎？

時至今日，或許有媒體人還對占領運動期間受到部分群眾的排擠感到受傷。媒體人是知識分子，在多數社會中都應該受到一定程度的尊重，為什麼在運動開始沒多久，某些電視台就成為眾矢之的？

一七八八年冬天，一個法國神父感於時局實在太糟——人民在經濟不振、政治不自由底下，對權貴集團充滿憤恨——匿名寫了本小冊子發行，兩百多年前，他在這本點燃法國人革命怒火的小冊子中，如此開導自認應該受到尊敬的權貴們：

榮耀就在你們為國家、為人類所做出的貢獻當中（……）真正的敬意，只存在人民之中。而人民，就是國家（……）人民已經被剝奪了原有的一切，如今一無所有，只剩下用敬意來讚揚為國效力者的權利（……）你們現在還想搶走他們身上最後的資產，要他們交出僅存的敬意，卻無助於他們人生的幸福嗎？[10]

當整個國家都為了服貿而憂慮、為了占領立法院暫時擋下服貿而激動、為了等待掌權者的回應而引頸期盼時，只想著用偏差報導引領風向，不惜破壞自身的公共性價值的某些媒體，憑什麼要社會繼續付出敬意呢？三一七的夜晚，立法院前的小貓兩三隻問：「守望的啊，夜裡如何[11]？」有多少媒體回話呢？

我將黃教授的影片拉到 Youtube 視窗中的「上傳」欄位，檔案上傳的橫條才剛開始跑，我和妻子說了一聲，轉身出門，往現場衝去。

二、「這是獨居的民，不列在萬民中[12]」

天空開始飄雨了，當我把機車停在中山南路的車位時，已經濕了一臉。拿出手機，意外發現同樣從法國唸電影回來的朋友 KN 傳了個信息給我——

「你在現場嗎？」

我趕緊回撥電話。

「家瑜嗎？」

「我在立法院這邊，你過來嗎？」

「好！我帶攝影機過去，你等等幫我潤稿，我們來拍一支英文的影片。」

我連聲答應。

KN的意思我懂。二〇一三年十一月廿一日，烏克蘭的親俄政府宣布暫停簽署與歐盟的協定，導致渴望加入歐盟的烏克蘭公民群起抗議；他們聚集在首都基輔的獨立廣場（Maidan），以和平的方式訴求政府守諾。這場被稱為「歐洲在獨立廣場」（Euromaidan）的抗爭，在九天後便遭遇到政府的暴力鎮壓，但鎮壓卻激起了更大的反抗。在人民為了自衛而武裝起來的時候，一位名叫尤莉亞·瑪茹薛夫斯卡（Yulia Marushevska）的年輕女子，在一位英國獨立製片的協助下，拍了一支影片：〈我是個烏克蘭人〉（*I Am a Ukrainian*）。她用帶著烏克蘭腔的英文，在身後人民群聚的夜色中，面對鏡頭，籲求全世界的聆聽：

> 我是烏克蘭人，生長在基輔……我希望你們知道，我成千上萬的同胞為何上街，理由只有一個：我們不要獨裁，我們不要那些只考慮自己的政

治人物，他們對人民開槍、毆打，恣意傷害……。

我希望的是，現場這些有尊嚴、有勇氣的人，我希望他們能有正常的生活。我們是個文明的民族，但我們的政府卻是野蠻人；這裡不是蘇聯，我們要的是我們的司法不受汙染，我們要自由。我知道，也許明天，我們就會失去電話與網路，我們將孤立無援，而或許，警察將逐一謀殺我們，等到黑夜降臨……。

這就是我在此向你們求助的原因……。

告訴你的家人，告訴你的朋友，告訴你的政府，展現你對我們的支持。[13]

尤莉亞在做什麼？

她「在萬國中傳揚報告，豎立大旗[14]」。

在聖經中，「萬國」的意味深長。耶穌受洗後，魔鬼第一個給祂看的就是「世上的萬國、與萬國的榮華[15]」——「萬國的榮華」是第一個試探，相對於「天國的福音」——天國與萬國之間從來沒有等號。在聖經中，「萬國」、「列邦」、「萬民」、「諸國」一共出現了兩百五十六次——天下分裂是此岸世界的常態。就算「你是諸王之王，天上的神已經國度、權柄、能力、尊榮都賜給你」，但這一個接一個的帝國都將敗壞，因為「列王在位的時候，天上的神必另立一國，永不敗壞，也不歸別國的人，卻要打碎、滅絕那一切國，這國必存到永遠[16]。」沒有基督徒會認為這國是俄羅斯、或是美國、或是中國。然而對任何基督徒而言，我們信的神，都是「天下萬國的神[17]」，「萬邦萬國的主宰[18]」，祂「管理萬國[19]」，「必按公正審判萬民，引導世上萬國[20]」；當祂「向萬國發憤恨[21]」，誰能抵擋呢？「諸王都要叩拜祂，萬國都要侍奉祂[22]」。哪個跟隨耶穌的人會尊崇世間任何國度，認為侵犯鄰國就是「祢的旨意行在地上，如同行在天上[23]」呢？有哪個基督徒口中說「願祢的國降臨[24]」，指的是世上的任何國度呢？而今，當普京自封為神，進軍烏克蘭，難道尤莉亞「因委曲呼叫、卻不蒙應允，呼求、卻不得公斷[25]」嗎？

尤莉亞的呼求，如今也成了我們的呼求。我們是「獨居的民，不列在萬民中[26]」，我們「在列國中為最小，在世人中被藐視[27]」，但我們和烏克蘭一樣，要向萬民做見證，呼求散落四方的好撒瑪利亞人。

那時候，我不曉得，烏克蘭將會看見台灣，而且，不只是烏克蘭，還有香港，還有其他國家，都會看見我們。我也不曉得，在不久的將來，烏克蘭與台灣之間，將有人搭起小小的、祝福的橋。

我更不曉得，尤莉亞的恐懼，在幾天內，便將降臨到我們身上。

我和 KN 約定，半小時後在立法院正門對面的人行道碰頭。還有一點時間，我趁機在立法院四周繞了一圈。

二、牧羊人

我快步走過中山南路正門，轉向濟南路，再穿過鎮江街轉向青島東路。清晨離開時，青島東路側門內的中庭已經擠滿了人，但此刻，前來聲援的群眾已經溢出中庭，佔滿了半條青島東路。我看到 P，前天三一七夜裡，還和大夥一起在立法院前愁眉苦臉，此刻卻站得筆直，站在中庭裡的人群中央，用柔和而堅定的嗓音，像主持人一樣，介紹願意上前公開說話的講者，一點也沒有昨晚才折騰了一夜的樣子。在側門外，還有另外一個年輕人，拿著麥克風，和P互相接力，兩個緊鄰的場子就像是連線舉行的同步活動。

我穿過人群，和P點頭打了聲招呼，便爬鐵梯再度進入議場二樓。從二樓的窗戶，看著下面滿滿的人，看著P和另一個年輕人賣力主持，引導現場的支持者上台講話、安排到場的作家、歌手、導演或是編舞家接續演講、不時提醒眾人喝水休息、在重重警察旁邊安慰眾人，我突然明白了：這就是牧羊人。

台灣深受漢文化影響，因此，牧羊人的形象在我們眼裡，和基督毫不相干。漢語中最早的牧羊人概念，出現在春秋時期一部表彰法家思想的書：《管子》。作者管仲在該書〈牧民篇〉開頭就說：「凡有地牧民者，務在四時，守在倉廩。國多財，則遠者來，地辟舉，則民留處；倉廩實，則知禮節；衣食足，則知榮辱[28]。」什麼叫作「務在四時」？就是按照四季的時節，要人民努力耕種——因為這樣才能增產報國；國家富了，人民才會聚集前來；有得吃喝，人民才會「知榮辱」。這樣的思想我們實在太熟悉了，以至於我們都沒注意到：是人民「務四時」，才會「國多財」，換句話說：羊毛出在羊身上。在這個政綱中，「牧民」的牧羊人到底都在幹嘛？不就是鞭策羊群，然後收割羊毛嗎？

但這不是基督教的牧羊人。

在聖經中，羊與牧羊人的關係，是整個信仰最奧秘的環節，救恩最重要的象徵。救恩是耶穌的寶血，這是按照耶穌在逾越節的晚餐後舉杯所說的話：「這杯是用我的血所立的新約，是為你們流出來的[29]」。而這次逾越節其實就是第一次逾越節：「要用無殘疾、一歲的公羊羔〔……〕以色列全會眾把羊羔宰了。各家要取點血，〔……〕這血要在你們所住的房屋上作記號；我一見這血，就越過你們去。我擊殺埃及地頭生的時候，災殃必不臨到你們身上滅你們[30]」，神的憤怒在羔羊的血面前逾越——獻出生命的羔羊成了拯救者，羔羊就是耶穌[31]——「看哪，神的羔羊，背負世人罪孽的[32]！」

但耶穌又是牧羊人，「我是好牧人；我認識我的羊，我的羊也認識我，正如父認識我，我也認識父一樣；並且我為羊捨命[33]」——牧羊的就是羔羊，羔羊願意為羊捨命，因此耶穌說：「人為朋友捨命，人的愛心沒有比這個大的[34]」，約翰記得了這話，後來他在信裡說：「主為我們捨命，我們從此就知道何為愛，我們也當為兄弟捨命[35]」——主就是兄弟，就是姊妹，主是我們的朋友——牧者與羊群平等，這絕不是管仲想得到的。

而今天，在占領立法院後迎來的第一個白晝，群聚在此的人們，在社運工作者的主持下聆聽、發言、幫忙最小的事務，從發送便當、傳遞水、傳遞消息，為了守護，守護議場內的人，守護到場的人，守護我們的國家。社運工作者是牧者，到場的人是牧者，你和我，都是牧者。教會的公共參與，不是組織遊行，不是組黨，而是要到我們中間。如果在三一九的清晨，教會看不到羊群就在這裡，認為這些「羊也不是他自己的」，那教會就等如承認：自己「不是牧人[36]」。然而教會作為牧者，不正是該和伯利恆的牧羊人一樣，「夜間按著更次看守羊群[37]」嗎？

KN從人群中探出頭來，我趕緊叫他爬梯子上來。進了二樓，我們找了一個角落，開始錄音。

三、唐吉訶德的孩子們

錄完音，已經是下午了，KN匆匆離去，他還得補拍一些畫面，時間很趕，警察隨時可能清場，早一分鐘將影片傳出去，我們的安全就多一分保障。超過一天沒睡，我已經累到失去疲累的感覺，步履輕浮。再過兩個小時下班後，將會有更多人來，我得趁這時候補眠。從二樓爬出窗戶，再從牆邊的鐵梯爬下來，我看到人似乎越來越多，我沿著先前的路線走回到濟南路，發現這邊已經搭起了長長的拒馬，一路延伸超過鎮江街口，不禁心頭一凜：政府也在指揮警察佈陣，顯然昨晚的衝擊與今天不斷聚集的人群，並未讓政府退縮。大批的警察列隊從我身旁走過。

然而，在靠近與中山南路交界的地方，我卻看見了五個不知道從哪冒出的小帳篷，在昨天大家闖入議場的濟南路側門附近的一個角落，依著拒馬，圍成了一個小方陣。看著這個小小的陣地，我心頭不禁一熱：占領後的第一夜還沒降臨，已經有人安營了。

安營，是救贖歷史的標誌。在第一次與一個奴隸民族立約後，「耶和華將以色列人按著他們的軍隊，從埃及地領出來[38]」，「他們從疏割起行，在曠野邊的以倘安營[39]」——領受救贖的意思，就是踏上未知的道路，跟隨上帝，安營在祂指定的地方，包括危險的地方：「耶和華曉諭摩西說：『你吩咐以色列人轉回〔……〕靠近海邊安營。法老必說：以色列人在地中繞迷了，曠野把他們困住了。我要使法老的心剛硬，他要追趕他們，我便在法老和他全軍身上得榮耀；埃及人就知道我是耶和華[40]。』」——安營就在敵人追趕與上帝保守的交會處，而這正是基督徒生命的根本境況，因為神「在路上，在你們前面行，為你們找安營的地方[41]」——安營的地點是神為我們找的，當我們說倚靠神，是相信神「必在我家的四圍安營，使敵軍不得任意往來，暴虐的人也不再經過」，因為祂必「親眼看顧我的家[42]」——安營是神為人爭戰的記號。在聖經中，「安營」一共出現了一百二十四次，開始於以色列出埃及的旅途，直到進入迦南地前的約但河邊，共在四十一處安營[43]；過河之後，依然按照神的指示安營：「正月初十日，百姓從約但河裡上來，就在吉甲，在耶利哥的東邊安營」——面對敵人安營，是進入應許之地的第一件事，接著，「以色列人在吉甲安營。正月十四日晚上，在耶利哥的平原守逾越節[44]」在迎向敵人之前，要先安營記念神的拯救，這是以色列出埃及進迦南地的旅程給我們的教導。

而今，在剛架起的拒馬旁，這五個小帳棚，宛如面對耶利哥城的以色列帳幕。你與他們同在嗎，耶和華？

其中一個帳篷的入口打開了，從裡面跑出了兩個小孩，看來都還不到就學年齡。在他們稚嫩的臉上，沒有緊張，沒有驚慌，也沒有憤怒或憂慮。他們拿球就在馬路上玩了起來，彷彿這個才剛陷入爭戰的現場和一般的遊樂園沒有兩樣。

在那一刻，我覺得時間好像停止了，我希望時間停止，就算只是一下下也好。在恍若停止的時間中，我眼前營帳後頭的台北街景，先是淡出在耶利哥的平原中，接著又淡入到巴黎左岸的河畔。

在塞納河邊，成排的帳篷排滿岸邊的堤道。那是我到法國後的第一個冬天，二〇〇六年十二月，年輕的法國演員尚—巴蒂斯特·勒葛杭（Jean-Baptiste Legrand）和一群朋友，在塞納河畔搭起帳棚，對全巴黎的市民發出呼籲：「今年聖誕，我們全都來陪遊民一起過！」巴黎市民響應了，這個過度浪漫的城市——浪漫不是愛情的專利。在那個聖誕夜，數百名巴黎市民在寒冷的空氣中，和遊民一起，住進了帳篷，並與他們一起分享食物和酒。這是名副其實的聖餐。緊接著，南特響應了，里爾響應了，土魯斯響應了，波爾多響應了，在法國各大城市的林蔭大道與河道旁，搭起了一個又一個的帳篷。半個月後，法國政府公布了住房抗告權法案計畫，三個月後，法案通過了，法國成為歐洲第二個人民擁有住房抗告權的國家。而發起這個行動的勒葛杭和他的朋友們，給自己的組織起的名字是：唐吉訶德的孩子們[45]（Les enfants de Don Quichotte）。

在巴黎、台北與舊約曠野的景象中，我看見了一個無形的教會，由願意放棄舒適，與困苦者同在的人們所組成；他們「俯就卑微的人[46]」，而這正是耶穌做的事情，「既有人的樣子，就自己卑微[47]」，成為羔羊，與所有的羊同在，沒有分別——唐吉訶德的孩子們是勒葛杭，是他的朋友們，是到場的巴黎市民，也是到場的遊民——在卑微的境地中，同心在場的，都是唐吉訶德的孩子，都是神的孩子，因為神「顧念我們在卑微的地步，因祂的慈愛永遠長存[48]」。這是基督教的神獨一無二的個性，祂的慈愛與公義的交會點，因此，祂的「眼目察看高傲的人，使他降卑[49]」，但「王自卑的時候，耶和華的怒氣就轉消了[50]」——人因為高傲而看不見神要求的公義，而謙卑地實行神的公義者，卻要得到神的慈愛。而最謙卑的一位，正是我們的主耶穌基督。耶穌與人共享宴飲，同擔苦痛，直到在十字架上受死，成為我們永遠的榜樣與安慰，也為我們帶來永恆的盼望。而這一切的開始，就是一個再平凡不過的行動：成為人，成為卑微的受造物的一分子，和他們一起忍受塞納河畔寒冬的淒冷，和他們一起倚著拒馬，懷抱內心對警察暴力的恐懼。

我看著孩子們嬉鬧玩耍，在車輛禁止通行的濟南路上，感到無從解釋的安慰，頓時間，全身的肌肉與關節都瘦了起來，彷彿被壓抑了兩天一夜的疲勞全部都一股腦從我體內不知名的地方湧了出來。

四、暗夜展翅的黑鳶

我倏然驚醒，從一個悠長而灰暗的夢中，我還依稀感覺到夢境裡悲傷卻安心的情緒。門外清晰地傳來妻子和岳父母一家人的說話聲，伴隨著電視新聞播報的聲音，我揉了揉眼，起身開門出去。

還不會說話的小外甥女萱萱看到我出來，發出了一聲「咦？」，然後咧嘴嘻嘻地笑了起來。才剛完整經過了爬行階段的她巍巍站了起來，咿咿啊啊地，像是要對我說些什麼。

丈母娘招呼我趕快吃點東西，我挨著餐桌坐下，胡亂扒起為我留的一大盤飯菜，也跟大家一起盯著電視。

就在這時候，我的手機發出了熟悉的「叮」的一聲。

我沒多理會，電視上正報導著：飆車族帶刀衝入人群！

在那一刻，我並不是很清楚該怎麼理解這件事。這不會是與中國國民黨掛鉤的黑道派來鬧場的吧？但人民占領屬於人民的立法院，黑道派小弟來亮刀，政府難道會不知情？沒證據說授意，但至少也是默許。我們的馬英九總統和他的執政團隊，不想用能夠保住面子和裡子的方式解決問題了嗎？

手機又持續地傳出「叮！叮！叮！」的聲音。我打開一看，是一個陌生的臉書討論串，裡面不斷傳來不同參與者的發言：

W：中山南路貌似有黑道。

V：我們這邊已經派人去了解狀況。

L：請小心。

W：濟南也出現了。

V：好。

H：國民黨真是混蛋。

L和H我不認識，但W和V是認識的。看來我是被他們拉進了某個團隊。討論串還持續傳來訊息。

H：不知道警察今晚會不會攻。

KZ：我今晚會守在青島東路。

MC：有動作嗎？快半夜了。

V：目前沒有，大家輪流休息。

H：林森南路與徐州路口，警方正在調度大批拒馬。

我告訴了妻子這個狀況，和岳父岳母打了聲招呼，兩人便準備出門，再次前往立法院。出門前，我拍了張萱萱的照片，上傳到臉書：「萱萱：阿姨和姨丈要出門去立法院了，你今晚要好好睡覺喔！」

深夜的空氣開始變得冰涼。每到紅燈前停下，我們都焦急地拿出手機來確認狀況。據新聞報導，飆車族被群眾包圍，嗆完聲就離開了。等我們騎到立法院時，已近子夜，濟南路和青島東路都坐滿了人，許多年輕的面孔在興奮地交談著，有的則席地而坐，就著昏黃的街燈在翻書。我們在人群中漫步走著，從中山南路一路走到另一頭林森北路的 7-11，靠著門邊的玻璃牆，湊著頭並肩看 Youtube 上的視頻：「＃反黑箱服貿反暴力挑釁＃飆車族完整紀錄一刀未剪」。

畫面中傳來主持人的聲音，要求到場的聲援者不要動手，我聽到全場的人們異口同聲不斷重複：不要動手！不要動手！主持人繼續請大家把手勾起來，帶大家喊

「退回服貿，守護民主」，漸漸地，群眾開始自發喊出新的指示，「坐下！坐下！」「不要動氣！不要動氣！」主持人則成了一旁提醒的角色：「大家冷靜喔！我們不要被他們所影響……我們請警察到鎮江街這邊來蒐證！」我看到人群讓開了一條路，幾輛兩人雙載的機車緩緩從中經過，離開。

這影片讓我心頭一熱，片中二〇一四年三月十九日深夜的台灣立法院街頭，彷彿正是一九九〇年五月十五日上午的愛沙尼亞國會街頭。在那天，反對愛沙尼亞獨立的親俄統派團體「國際陣線」（Interrinne; Interfront）衝進了愛沙尼亞國會中庭，企圖攻擊日漸推動自主法案的國會議員。愛沙尼亞人民在很短的時間內便大舉聚集在國會議場外，形成了「國際陣線包圍議場，人民包圍國際陣線」的態勢——和不到二十四小時前在台灣的立法院外形成的態勢一模一樣。真正令人驚異的是，這場包圍沒有導致肉體衝突，上萬名愛沙尼亞公民自主讓開了一條路，讓國際陣線的人在他們整齊劃一的「和平！和平！」「滾出去！滾出去！」的口號中，緩緩從中經過，離開[51]。

這天，台灣人民和愛沙尼亞人民一樣，進行了一場奇異的非暴力抗爭，之所以奇異，是因為非暴力抗爭的對象不是掌權者，而是掌權者的傭兵。這場奇異的非暴力抗爭的成功，則早已由歐洲第一個主張非暴力抗爭的艾蒂安·德·拉·波埃西（Étienne de La Boétie）所預見。在宗教改革方興未艾的十六世紀，一五四八年，年方十八的拉·波埃西寫了一篇論文：《論自願為奴，或：反獨夫》（*Le Discours de la servitude volontaire ou le Contr'un*），在這篇精練的文章當中，他提出了一個假設性的問題：

> 假設一邊有全副武裝的五千人，另一邊也有五千人；讓他們在戰場上對陣，準備決鬥，一邊是自由人，為了自由自主而戰，另一邊則是為了奪走對方的自由自主而戰。你認為哪一邊會戰勝？哪一邊會更勇猛地投入戰場？是那些期待以維持自由作為報償，而承受爭戰苦難的人？還是那些期待任何自己施加與承受的攻擊，都能以奴役他人作為報償的人[52]？

今晚發生在台北的事，和一九九〇年發生在愛沙尼亞的事，都證明了拉·波埃西說得對——傭兵終究無法戰勝，而他的理由則清楚明白：

一方人眼前永遠看著他一直以來享有的幸福，並期望未來能繼續幸福安康，比起戰場一時的煎熬，他更在乎戰敗之後，他的子女與財產將永遠蒙受的一切。反之，另一方的勇氣僅是來自於那一點貪念，但這點貪念經常在危險之前化為烏有，在我看來也無法維持火熱，好像傷口一流出第一滴血，就足以撲滅他們的熱情[53]。

十八歲的拉．波埃西沒敢發表這篇文章，直到他英年早逝之前，這篇文章都只是在文藝復興時期的知識份子圈子裡秘密流傳。然而，他的摯友、法國大作家蒙田為他留下了這份文字，而「自願為奴」（la servitude volontaire）也已成為人盡皆知的概念[54]，鼓舞著一代又一代的人們起身拒絕暴政，直到今天，在台灣台北的立法院街頭。

然而，拉．波埃西絕對不是第一個思考暴政的人，也不是第一個提出非暴力抗爭的人。在羅馬帝國統治下的猶太行省裡，耶穌也進行過一場這樣奇異的非暴力抗爭，就記錄在著名的「格拉森趕鬼」的故事中。這個故事出現在〈馬太〉、〈馬可〉、〈路加〉三卷福音書裡，並且全都接在「耶穌斥責暴風雨」的故事後面，為什麼呢？

按照聖經的記載，耶穌一行人「到了格拉森〔……〕耶穌上了岸，就有城裡一個被鬼附著的人迎面而來[55]」，見到這個人之後，「耶穌問他說：你名叫什麼？他說：我名叫群；這是因為我們多的緣故[56]」。「群」是什麼？事實上，按照原文，「群」就是「軍團」（legion），而格拉森呢，正是羅馬軍團駐守的地方！這個人被外部入侵的「軍團」控制，「極其兇猛[57]」、「常在墳塋裡和山中喊叫，又用石頭砍自己[58]」、「總沒有人能制伏他[59]」，為什麼會這樣？因為一個地方受到外來勢力的統治，必然變得越來越扭曲，越來越無法擺脫痛苦，甚至出現自殘的狀況。

因此，當這個被「軍團」控制的人「遠遠的看見耶穌，就跑過去拜祂[60]」，「大聲喊叫，說：至高神的兒子耶穌，我與祢有什麼相干？求祢不要叫我受苦[61]！」這時候，這個人說的話，已經和控制他的「軍團」的話交纏在一起了——是「軍團」害怕「斥責那狂風大浪；風浪就止住，平靜了[62]」的耶穌呢，還是「格拉森人」要求耶穌將「軍團」趕走，讓苦難停止呢？事實上，兩者都是：「軍團」害怕耶穌，格拉森人也懇求耶穌趕走「軍團」。

就在這裡，耶穌展現了和一九九〇年在塔林保護國會的愛沙尼亞人、以及在二〇一四年在台北保護立法院的台灣人一樣的作為：祂接受「軍團」的央求，沒有「吩咐他們到無底坑裡去」，而是「准他們進入豬裡去[63]」。耶穌並沒有強硬對付「群」，但依然拯救了「格拉森人」。這樣的作為當然是對羅馬帝國的挑釁，因此我們可以明白，在這件事情完成之後，格拉森附近的居民為什麼要「央求耶穌離開他們的境界[64]」——「因為害怕得很[65]」，怕什麼呢？當然是怕羅馬帝國看似無窮盡的勢力！

然而他們不知道，儘管這是耶穌第一次趕鬼的紀錄，但之後耶穌還要做更大的事，付出更高的代價，正如同當時我們也不知道，我們還要做更大的事，並付出更大的代價。

看完影片，夜更深了，但街頭的氣氛依然熱絡，三輛警備車從忠孝東路的十字路口轉了過來，警鈴聲在夜裡像是格拉森被鬼附身的人所發出的尖叫。「叮」，我的手機又響了，是同一個討論串，裡面出現了更多我認識或不認識的名字。有人說看到教育部旁邊也有警察開始整隊，需要人去確認，我趕緊回覆：「我就在附近，現在立刻過去。」立刻跳出了三條訊息：「感謝！」「要小心！」「等確認後我就回報給Z。」我回傳了個可愛的表情符號——似乎不太適合緊張的氣氛——收起對話串。在對話清單上，我看見了對話串的名字：黑鳶小隊。很好，我喜歡，根據古羅馬神話，智慧女神米娜娃的夜梟總是在黃昏來臨之後才開始飛翔，而在台灣，黑鳶則是在入夜後低調地起飛，四處搜尋暴力軍團的蹤影。

從今天起，我成了黑鳶小隊的一份子。

五、靈魂的食物

天快亮了，最黑暗、最危險的幾個小時過去了，但隨處可見的警察依然讓人無法放鬆緊繃的神經。濟南路這邊已經開始有人傳遞起早餐與熱飲，我沒什麼食慾，和妻子各自拿了一杯熱茶暖手。

黑鳶小隊昨晚回去休息的人開始在臉書討論串發出報到訊息，小隊長趕緊呼叫在現場四處巡行一晚的人回去休息，立刻有好幾個人回傳：「隊長去睡覺啦！」「要不要帶早餐給你？」小隊中許多人我都不認識，但這一刻的溫馨，卻令人難忘。

我們不知道這場戰爭會延續到什麼時候，也不知道這一切是否會以失敗告終，但在這新的一天，我們還在，我們只能繼續待下去。

電話鈴聲響起——

「家瑜你在現場嗎？」

來電的是一個小小的獨立出版社的負責人SP。

「我等一下要送書過去，你能幫忙嗎？」

這還用問嗎？

第三天了，三月廿日，現場已經開始出現了各式各樣的物資。昨天夜裡，高雄市的年輕人已經聚集在高鐵站，搭車前來台北，今天想必會有更多來自全國各地的年輕人。而隨著人一起聚集的，是眾人的奉獻。在教會我們常說：要甘心樂意地奉獻。然而，在這個人民占領立法院的現場，我們真的用自己的雙手，接下了許許多多不知名的人甘心樂意的奉獻。從水、食物、急救用品，以及各式各樣想像不到的物資。在教會，我們常說要甘心樂意地事奉。然而，在這裡，我們真的看到了各式各樣甘心樂意的事奉，從醫療、法律、課輔、表演藝術，乃至簡單地相互扶持，我還看到年輕人合作處理**垃圾分類**。暴民？當社會上的保守勢力用這頂帽子冠在到場的年輕人頭上時，教會要不要在附和前先停一停，思考一下？如今，許多教會以增長為目標，以假搖滾粉飾的敬拜讚美為噱頭，以物質成功作召喚，希求成為「大教會」，然而，整個社會的甘心樂意，為什麼是朝著這些「暴民」而去呢？「暴民」之間，為何會「兄弟相愛」呢？難道不正是這些「暴民」，才是真正聽到「**我的民的哀聲**[66]」的人嗎？他們正在做的，不正是教會自己標榜的「兄弟相愛撼山河」嗎？

SP到了，和另一個年輕作家MK一起。五箱書，我看了不禁苦笑，好在剛吃過早餐，身體還撐得住。我和MK一前一後，扛著書上了二樓外的天台，他便先行離開，顧車去了。我等SP上來，在天台上向糾察隊說明了來意，他先讓我們把書搬進二樓走廊，然後傳話下去，得到議場內的決策團體同意後，來了幾個人便七手八腳地幫我們把書搬走。我好奇地跟著他們走過轉角，這才明白為什麼這麼麻煩：二樓與一樓之間的通道，已經被層層疊疊的櫥櫃、椅子給堵住了。

這不就是《悲慘世界》當中，擋在保皇黨的政府軍與起義的年輕人之間的路障嗎？正好，在議場內的年輕人，為了配合開始願意盡力報導的媒體，正聚集在議場中央，唱起了《悲慘世界》的台語版主題曲：〈你咁有聽見咱唱歌〉……。

我帶SP到記者席，也就是昨天凌晨我和妻子待著的地方，稍事休息。SP很安靜地看著台下的一切，我知道，他正在將這一幕緊緊收藏在心裡……。

也許你會想：送書有什麼用呢？議場內的學生需要的是食物，水，廁所，空調，和在議場外的占領者們一樣，我們都有一個必須照顧到死的肉身。書能幹嘛？

但基督徒不能說這話。耶穌自己說了：「人活著不是單靠食物，乃是靠神口裡所出的一切話[67]。」這話在台灣不容易理解，因為我們習慣了從實用的角度來看宗教，「**教多財**，則遠者來，地辟舉，則民留處」。能分送食物與物資給窮苦人，是我們所能想像的至高的宗教善行，時至今日，應該還有許多長輩記得基督教會曾經在台灣分送食物，而出於相同的實用邏輯，慈濟功德會在台灣人民心中取得了難以取代的崇高地位。然而，信仰與我們生命的關係，就在於物質的重分配嗎？那有了政府，信仰還有什麼立錐之地[68]？

然而，如果宗教有超越物質的意義，那究竟是什麼？為什麼「單靠食物」，人還是無法存活？

這個問題，西蒙・韋伊（Simone Weil）這個詩人艾略特口中「難搞的人物」回答了，用她生前為祖國所寫的最後一本著作。在一九四三年，一樣是在春天，在納粹德國的鐵蹄下失去了祖國的韋伊，接受了位在英國倫敦的自由法蘭西反抗軍（La Résistance）的請託，寫下了這份名為《人類責任宣言緒論》的「法國重建綱領」，寫完後不久，她就在英國病逝了，沒能看到她的法國復活。一直到二戰結束後，卡謬為她整理遺稿，以《扎根》為名出版後，世人才認識了這位與沙特、波娃同窗的思想者與行動者。但據說，當年領導法蘭西反抗軍的戴高樂，連這本書的一半都沒看完，便將書稿棄如敝屣。這不能怪戴高樂，他期待一份「建國大綱」，但才翻開第一頁，就看到了這樣的標題：〈靈魂的各種需求〉。有多少政治人物看到這個標題，還會繼續翻下去？

但就是在《扎根》裡頭這開篇的第一章，韋伊回答了我們的問題：和身體一樣，靈魂也有需求。如果為了營養，身體需要食物，那靈魂也有屬於靈魂的營養，靈魂也需要吃！

這不就是教會常講的「靈糧」嗎？不就是耶穌說的：「**我就是生命的糧**[69]」，「**人若喝我所賜的水，就永遠不渴**[70]」嗎？教會不斷地用經文和講道分享「靈糧」，但究竟這「靈糧」是什麼，教會說清楚了嗎？為什麼人需要「靈糧」呢？沒有又怎樣呢？

韋伊這個終身拒絕受洗、卻「熱愛基督的」「難搞的人物」反倒是說清楚了：如果靈魂的需求「**得不到滿足，人就會一丁一點地落入近乎死亡、與草木無異的地步**[71]」。簡單講，靈魂也會餓死的！只要能讓人明白這點，再提供靈魂真正需要的養分，教會還怕沒人嗎？

但究竟靈魂的食物是什麼？

韋伊列了十五項：秩序、自由、順服、責任、平等、等級、榮譽、懲罰、言論自由、安全、風險、私有財產、集體財產、真理，以及扎根。在這個清單中，有多少種靈魂的營養是我們的政府試圖剝奪的呢？

同樣地，我們也可以明白，為什麼人們甘心樂意來到這個地方聚集，為這個地方奉獻，這裡有秩序，這裡在捍衛自由，這裡彼此順服，承擔責任，表現榮譽，並且有言論自由……最重要的是，這裡要求真理——拒絕黑箱。

也因此，書籍、音樂、文字、電影、繪畫、公開課，在這裡非但不是沒有必要，事實上，這些都是必不可少的，讓我們繼續在這個地方撐著，面對警察，等待掌權者的回應。

起初，在三一七的黑夜，我在讀書會的群組裡，灰心喪氣地留了一段盧梭的話。三月廿日的上午，和SP送了五箱書進議場後，我回到讀書會的群組，說出**自己的話**：

今晚的讀書會，大家到立法院來吧！

註釋：

1 耶四19～21。
2 耶四18。
3 太二十八18。
4 約一1。
5 詩三十三9。
6 詩一四八6。
7 詩三十三6。
8 來十一3。
9 出二十16；申五20。
10 西耶斯，《論特權》，梁家瑜譯，紅桌文化，台北，二〇一四，頁26-28。
11 賽二十一11。
12 民二十三9。
13 Yulia Marushevska, "*I Am a Ukrainian*", https://www.youtube.com/watch?v=Hvds2AIiWLA。這支影片於二〇一四年二月十日在Youtube上出現時，烏克蘭已有五人死於EuroMaidan。
14 耶五十2。
15 太四8；路四5。
16 但二37、39、44。
17 列下十九15。
18 代下二十6。

19 詩二十二28。
20 詩六十七4。
21 賽三十四2。
22 詩七十二11。
23 太六10；路十一2。
24 同上。
25 伯十九7。
26 民二十三9。
27 耶四十九15。
28 《管子》，〈牧民〉。
29 路二十二20。
30 出十二5∫7、13。
31 林前五7，彼前一19，以及啟示錄，第五章起。
32 約一29。
33 約十14∫15。
34 約十五13。
35 約壹三16。
36 約十12。
37 路二8。
38 出十二51。

39 出十三20。

40 出十四1～4。

41 申一33。

42 亞九8。

43 民三十三5～49。

44 書五10。

45 Ronan Denece，Augustin Legrand，Jean-Baptiste Legrand導演，《唐吉訶德的孩子》，台北，輝洪開發股份有限公司，二〇一三年。

46 羅十二16。

47 腓二8。

48 詩一三六23。

49 撒下二十二28。

50 代下十二12。

51 James Tusty，Maureen Castle Tusty導演，《歌唱革命》（*The Singing Revolution*），台北，輝洪開發股份有限公司，二〇一四。

52 艾蒂安·德·拉·波哀西，《自願為奴》，孫有蓉譯，想像文化，台北，二〇一六，頁53-54。

53 同上。

54 參侯貝等編著，《法國高中哲學讀本2：人能自主選擇而負擔道德責任嗎？——思考道德的哲學之路》，〈第二章：自由〉〔問題三：我們真的想要自由嗎？〕，梁家瑜譯，台北：大家出版，二〇一六。

55 路八26～27。

56 可五9；路八30。

57 太八28。

58 可五5。

59 可五4。

60 可五6。

61 路八28；可五7。

62 路八24。

63 路八31～32。

64 可五17；太八34；路八37。

65 路八37。

66 出三9。

67 路四4；太四4；申八3。

68 當然必須承認，這樣的觀點並不能代表所有基督徒。為求公正，請參考〈民法、專法都別爭了！南部牧師聯盟：拼經濟卡重要〉（基督教今日報，二〇一六年十一月三十日），http://www.cdn.org.tw/News.aspx?key=9907。

69 約六35。

70 約四14。

71 西蒙．韋伊，《扎根：人類責任宣言緒論》，台北：商務，即將於二〇一七年出版。

第四幕

毀滅和強暴在我面前

耶和華啊，惡人誇勝要到幾時呢？要到幾時呢？

（詩篇九十四篇三節）

不輕易發怒的，勝過勇士；
治服己心的，強如取城。

（箴言十六篇三十二節）

如果我們和他一同受苦，也必和他一同得榮耀。

（羅馬書八章十七節）

我們在等待。

打從衝進立法院的那一刻，等待便已開始。等待失落在無邊黑暗中的求救訊號得到回應，等待警察攻堅，等待前來支援的夥伴，等待警察放棄攻堅，等待自己耗盡所有精力，等待黑鳶小隊的隊員們不時更新警力佈署消息，等待警察換班，等待小隊換班，等待自己換班。等待醒來，等待再次上場支援。

等待，在聖經中意味深長，是追隨上帝的人最重要的能力之一。當挪亞順服上帝，頂著眾人的恥笑，獨力建造方舟後，他和家人及一切動物一起進入方舟，然後，開始等待。先是等待大雨，再是等待大雨停止，再等到「水勢漸消（……）山頂都現出來了」，但又等了四十天，才「放出一隻烏鴉」，等不到烏鴉回來，「又放出一隻鴿子」，鴿子無處落腳，飛回來後，「又等了七天，再把鴿子從方舟放出去。到了晚上，鴿子回到他那裏，嘴裡叼著一個新擰下來的橄欖葉」，水退了之後，「他又等了七天，放出鴿子去，鴿子就不再回來了[1]。」但還沒完，他還要等到地面全乾，才能和一家人離開方舟。挪亞造方舟的故事，是聖經中神第一次拆毀與重建的紀錄，是基督救贖工作的預表，也是世界終局與新天新地的驚鴻一瞥，更是神第一次用記號與人立約，那個記號就是彩虹橋。而與神同工的挪亞，他所做的，只是「凡神所吩咐的，他都照樣行了[2]」而已嗎？事實上，他做得更多的，是等待。他等了多久呢？從二月十七日，「大淵的泉源都裂開了，天上的窗戶也敞開了[3]」開始，一直到第二年二月廿七日，挪亞一共等待了一年又十天。

但挪亞不是唯一一位懂得等候、令神喜悅的人。路得的婆婆拿俄米給這個親如女兒的守寡媳婦找新丈夫時，吩咐路得在和對象波阿斯談話前，要「等他吃喝完了，到他睡的時候[4]」——等待是為了最適合的時機，是智慧的象徵，「聽從智慧、日日在他的門口仰望、在他的門框邊等候的，那人便為有福[5]」；也因此，當以色列的第一任國王掃羅，出於對現實政治情勢的恐懼，不等祭司撒母耳到來，便僭越職分勉強獻祭時，撒母耳斥責他：「你做了糊塗事了」，代價是「你的王位必不長久[6]」——因此詩人說「凡等候你的必不羞愧[7]」。相對於掃羅因恐懼而無法等待，繼任的大衛則是在詩歌中說「要等候耶和華！當壯膽，堅固你的心[8]！」——等待需要剛強與堅固的心。因此，基督徒就像是魏德聖導演安排在《賽德克．巴萊》開場的獵人，用飽經滄桑的賽德克語在一片漆黑中說：「莫那，好獵人要懂得安靜等待[9]」，這種人「好像僕人等候主人從婚姻的筵席上回來。他來到，叩門，就立刻給他開門[10]」。等待是救贖之前必經的過程。

二〇一四年三月的立法院街頭，我們壯膽，堅固我們的心，我們也在等待。

我們在等馬英九的回應。

一、僕人與祭司

星期四晚上，我們的讀書會第一次離開小小書房，全員移師到立法院的抗爭現場。就著林森南路八巷這個僻靜角落的街燈，我們席地而坐，討論起施特勞斯的《自然權利與歷史》。如今，我一點也想不起那天晚上我們討論了什麼，只記得全書開頭施特勞斯提的一個問題：如果不承認自然權利（natural rights，舊譯「天賦人權」），就等於承認所有的權利都是法定的，但是每個社會自己都立法，那就表示食人族的法律和其他國家的法律地位相當，而吃人也就和其他法定權利一樣正當，毫無差別[11]……。我記得這點，或許是因為我很清楚，透過占領立法院的公民不服從行動，我們已經超出了法定權利的範疇，而在這個奇異的空間裡面，我們是否會被馬英九「依法行政」呢？我想到施特勞斯在二戰期間發表的演說《德意志虛無主義》的結尾所說的：

> 由於在緊要關頭（……）選擇了希特勒做領袖，德國人的正當訴求也就到「成為一個地區民族」為止了；應當是、應當仍是一個帝國民族的是英國人，而非德國人（……）因為只有英國人（……）才懂得、才應當實行帝國統治，這得花相當長的時間學會**放過被征服者、碾碎傲慢自大者**[12]。

而今，在立法院的街頭讀書、討論、唱歌的我們，是被征服者呢？還是傲慢自大者呢？

施特勞斯顯然沒考慮到這種可能：既不傲慢，也不屈服。他探討的是統治者，而不是被統治者，我們無法在這方面和他多談。然而，在緊要關頭，我們選擇了馬英九作為領袖，這是否也決定了我們的正當訴求也只到某個地步為止呢？在這個人身和拒馬層疊、演說和歌唱交纏、恐懼與盼望夾雜的空間裡，或許，馬英九總統口中虛幻的「歷史定位」，未必真的如此飄渺？

那麼，為換班的警察鼓掌、向他們連聲不絕地說「警察先生辛苦了」、然後在黝黑堅硬的拒馬上掛上「溫柔的力量」的紙條，這些行為也一樣不飄渺、不會落空嗎？

讀書會結束了，站在立法院的街頭，我感到萬分茫然。

正巧，黑鳶小隊的V傳來訊息：

「半小時候，換我到基地，班長去休息一下吧！」

我趕緊補上訊息：「我也過來，基地在哪？」

V給了我地址——

左轉第二條路，向前直到天光[13]。

找到基地所在的大樓門口，正要進電梯時，門口的警衛一把攔住我：「你要去幾樓？」

我報了樓數，他立刻接著問：那你要找誰？

我一時語塞。我不能透漏我要找誰，此外，我有的不過是臉書討論串中的臉書名字，裡面沒幾個真名——真名更不能說，假名他又怎麼會知道呢？我趕緊發訊息：「我在樓下被擋住了，下來接我。」

V從電梯出來時，我們相視而笑，雙手緊握，我回頭一看，年事已高的警衛一掃撲克臉，也對我抿嘴微微一笑，我輕輕地點頭示意，表示感謝。

我為什麼要對剛才為難我的老警衛表示感謝？

因為他讓我看到了什麼是一個**忠心的僕人**[14]。

在聖經中，僕人是我們的身分，是基督教最難以說明的教義之一。在聖經中，「僕人」、「奴僕」、「為奴」共出現了七百多次，是「主人」與「君王」加起來的兩倍以上。因此，當西蒙．韋伊說「基督教實在是奴隸們的宗教」時，她和說

「基督教是奴隸道德」的尼采一樣，都說對了。問題是，韋伊說的是「基督教實在是奴隸們最好的宗教」，這就不是尼采能理解的了，尼采不明白為什麼「奴隸們不可能不信基督教」，因為他不像韋伊一樣清楚認識到：「我就是這些奴隸當中的一個[15]。」

這就是基督教的秘密：至高的拯救者「自願為奴」，「取了奴僕的形象[16]」，「親自成了血肉之軀」，因為「兒女同有血肉之軀」——這才是「道成肉身」——為了要「藉著死，敗壞那掌死權的[17]」——「自願為奴」成了救贖的管道，好「傳福音給貧窮的人，〔……〕醫好傷心的人，報告被擄的得釋放，被囚的出監牢[18]」，讓「瞎眼的得看見，叫那受壓制的得自由[19]」。為什麼要自願為奴，才能得到解放？我們不是要「出頭天」嗎？不是要「做這片土地的主人」嗎？

但這位年老的警衛讓我明白了：正是因為他願意在黑鳶小隊託付的事情上忠心，黑鳶小隊裡的每一個人才能放心地繼續暗中搜索警力部署的工作；而這又不過是許多我們不知道的信息網絡的一部分，而信息網絡也不過是整個現場運作中的各種網絡中的一個，其他還有物資、人際、政治等等的各種網絡，而這些都不過是整個台灣社會的一部分，而整個台灣正盯著這個地方——在這個台北市的角落，「我們成了一台戲，給世人和天使觀看[20]」，在這裡，「萬事互相效力」，要阻擋掌權者「在暗中所做的」。我們互相幫助，正是將權柄從掌權者手上奪回來，重新交給上帝，而奪回權柄的方式，就是將自我放下，交到對彼此的服事中。

原來，要成為這片土地的主人，我們就要做彼此的僕人，好讓那個自以為是我們上帝的「軍團」知道：我們沒有人是你們的僕人。當在歐洲第一個喊出非暴力抗爭的拉·波埃西說：我們「不需要剝奪暴君任何東西，只要不給他任何東西」，即可不再自願為奴時，他沒忘記在後面說明，「自然（la nature）作為上帝的公使、世人的統治者，〔……〕給某些人較大的份，給某些人較小，是為了讓同袍情誼能夠有存在的空間，讓強者提供援助，讓弱者得到援助。〔……〕我們不應質疑自己生來自由，因為我們相互為伴，因此所有人都會認為自然不會讓任何一人身處於奴役，因為我們所有人都是對方的同伴[21]」。

一個看不到邊界的團契於焉誕生。等著它的，是什麼樣的命運呢？

V向我簡單介紹了一下基地的狀況：事實上，所謂的基地只是一台電腦，這台電腦由輪值班長負責，值班班長唯一的責任，就是與在外飛翔的黑鳶小隊員保持聯繫，確保每個人的安全。至於這個得搭乘電梯才能抵達的「烏有鄉」，只是讓小隊員前來休憩的場所罷了。

我們約定了明天再見，我便告辭離開。

沿著「左轉第二條路，向前直到天光」的原路，走回深夜漆黑的濟南路，人潮未減，在內政部聯合辦公大樓外面的人行道上，我看到許多人大排長龍，在一個小小的烤香腸攤前等著領香腸。在夜空下，烤香腸的中年大伯一言不發，聚精會神地盯著那小小的烤肉架，不時翻動著上面微焦的香腸。白煙裊裊上升，馨香四溢。

這裡，是二〇一四年三月的台北立法院街頭；這裡，是以色列出埃及後，在曠野設立的會幕，這個香腸攤，正是我們的祭壇，而烤香腸的中年老闆，則成了我們這個新生團契的祭司，為我們將肉「燒在壇上[22]」，再分送給所有前來的人。在所有受造物當中，只有人類用火[23]，而耶和華曉諭摩西的五種獻祭方式，每一種都得用火燒過，因此，只有人能獻祭——在火上烤熟食物，彼此分享，證明了我們「是被揀選的族類，是有君尊的祭司，是聖潔的國度，是屬神的子民[24]。」

看著這個烤香腸攤，看著一張張年輕而堅定的面孔，我竟然想起了主禱文：

我們在天上的父：
願人都尊祢的名為聖，
願祢的國降臨，
願祢的旨意行在地上，如同行在天上；
我們日用的飲食，今日賜給了我們；
免了我們的債，如同我們免了人的債；
不叫我們遇見試探，救我們脫離兇惡，
因為國度、權柄、榮耀，全是祢的，
從今時直到永永遠遠，
阿們[25]。

就在主禱文從我腦海中一閃而過時，我看見濟南路的對街，晃過一個熟悉的身影，徐徐前行——是GT，我的探戈老師！

GT身材高大，年紀只比我大幾歲，妻子在他的探戈教室學過一段時間，我也湊趣跟著學過兩堂課，對他印象很深。面如冠玉（我沒誇張），跳起舞來身姿挺拔、體態瀟灑。或許是外貌、又或許是他為了學習正統探戈，隻身前往阿根廷留學的浪漫經歷，我總是覺得他應該是家境優渥的年輕人，完全沒想過會看到他在這裡出沒。我趕緊跑過去叫住他：

「欸，老師，你怎麼會到這裡來？」

他似乎也被我嚇了一跳，大概他也不預期會在這裏遇見先前的學生：

「沒有啊，就是來看看。」

「那你看到現場了，覺得怎樣？」

他靜默了一會兒，說：

「我覺得學生是在為自己的未來奮鬥。像我們這些六年級生，在社會上已經有自己的位置，也累積了一些資源，但他們沒有……」

他又安靜了，我們在冰涼的晚風中，不約而同地環視四周或臥或坐的年輕人。昨天的雨帶來的水氣依然瀰漫著，路燈漫射的光暈朦朧地掩住隨伺四周的緊張氣氛。

「其實，他們現在這樣出來抗爭，我們也有責任……」

GT猶豫又嚴肅的表情，是我沒看過的。我們又簡短寒暄了幾句，我就先行告辭了。

又過了一天。我們還是沒等到馬英九的回應。政府高層正在上演鬥爭的戲碼，總統府要召開跨院協商，立法院長拒絕出席，台北市政府宣布不會清場，但沒有馬英九的答案，我們終將在此耗盡一切，無功而還。

三月廿一日了。星期五。原本在三一七宣布的一百廿小時的靜坐，即將告終，但要不要開臨時會？要不要退回服貿？我們不知道。

黑鳶小隊又要換班了。在出門前，我看到了GT在臉書上的告白：「一個六年級生的懺悔。」我心想：奇蹟發生了。

至今為止，許多人給了三一八運動各式各樣的評價，許多人從戰略的角度認為：三一八是場失敗的運動。這絲毫沒有什麼好奇怪的，就好像耶穌基督領著十二個門徒進耶路撒冷清潔聖殿，也是一場失敗的運動。耶穌自己被釘十字架不說，在他死後三十年左右，公元七〇年，羅馬人終於以血腥鎮壓的手段，將耶路撒冷徹底剷除，拆毀聖殿，羅馬軍團大肆屠殺了一百一十萬人，只剩下九萬多人成為俘虜。此後有一百多年，耶路撒冷無人居住。而猶太人則要等到公元五世紀，才被允許重新回到這裡。

但福音書的第一個字，卻是在大屠殺之後寫下的[26]。而這個未曾在政治上發揮過重要影響力的木匠之子，卻將自己的名字與傳說，永遠套在屠殺他的弟兄姊妹的羅馬帝國頭上。

這一切是怎麼開始的？

開始於一個衣著藍縷的瘋子在曠野中的呼喊：

「天國近了，你們應當悔改[27]！」

而今，我親眼看到一個悔改的人，後悔他未曾更關注公共事務。

一個公民就此誕生了。GT從當天晚上開始，就到現場幫忙煮泡麵，幫忙運送食物，原本在舞池裡優雅的身段與俊美的笑容，便成了如今彎著的腰，與不認識的人同心，謙卑地分送食物。

而他並不是唯一的一個。在三一八運動期間，有多少未曾關心過公共事務的各個年齡層的人，開始用土法煉鋼的方式，學習閱讀立法院公報，提供物資與服務，跨過自己對社會運動的負面猜想，親身到現場來了解現況。如果「**一個罪人悔改，在天上也要這樣歡喜**[28]」，那今天，在台灣有多少人心裡，懷著多大的歡喜呢！

那天晚上出門前，看完了GT的告白文，我哭倒在妻的懷裡。我無法遏止我的眼淚，一如我無法遏止自己重複問著：「十五年前，你們在哪裡呢？」

那麼多年前，當反核只有不到五十個大學生在監察院前，當反高學費只有不到八十個學生在教育部前，那是我的大學時代，即將迎來二十一世紀的台灣，社會運動一片低迷。在三一八過後，我們會不會又歸於沉寂呢？

但現在，你們都來了。

那天深夜，警察的拒馬架得更多了，搜索軍團的黑鳶也飛得更遠，從立法院周邊一路盤旋到西門町以及台師大附近。而聚集在立法院的人群也更多了。我回到青島東路，在鎮江街口和幾個互不相識的年輕人湊在一起聊天。「叮！」手機又傳來了訊息：

「家瑜，我們真的要和中國統一了嗎？」

傳訊息的是我的學長ＦＧ，從高中起便瘋迷吉他，如今已是事業有成的樂手，一年間在中國演出的時間恐怕比在台灣還多。

「賺多賺少沒關係，**靈魂不能失去**。」

我又感到一陣暈眩：這不是莫那魯道對花岡一郎說的話嗎？

我們終於走到這裡，在台灣，人們開始懺悔，然後，人們開始發現靈魂了。

同樣地，我們也終於走到這裡，掌權者不得不和我們談判了。

二、談判

直到今天，我還能清楚記得行政院長江宜樺到立法院來和群眾對話的畫面。

不，我不在現場，江宜樺並未在我眼前將臉上的皺褶起伏成宛如哈巴狗般的微笑；談判進行的那刻，我在「左轉第二條路」的烏有鄉，和妻子與V一起，盯著小小的筆記型電腦螢幕上的 Youtube 直播。

但我一直記得那天的畫面。

或許，這是第一次，一場拉鋸戰具體呈現為一場談判，展現在我的眼前。這場談判儘管短暫，但卻是我們奮鬥至今的一切的縮影。事實上，正是我們奮鬥至今，這個場景才得以呈現。

原來，我們是以自己的肉身作為籌碼，換到了一個面對面談判的機會。

談判，是聖經中最容易被忽視的關鍵行動，是一切重要改變來臨之前必經的過程。摩西在承擔出埃及的任務前，先和神談判[29]；以色列從法老與埃及人的奴役中得到解放前，摩西代表神和法老談判，而且越談價碼越高[30]。在聖經中，神和人談判，不論是祂所呼召的，還是祂有命令的，不分君王與平民，智者與愚者。神的旨意臨到時，並不是專斷地要求絕對的服從，而是願意聆聽人的回應，協助人接受祂的話語與意願。馬英九絲毫不和人民商量就簽定服貿，張慶中只花三十秒就宣布通過一讀。但是，耶和華要基甸出來領導以色列人民，花了多久？至少三天，並且是三次配合基甸提出的條件，而這一切都是為了給基甸信心[31]。而今我們的政治人物，為何架子端得比耶和華還大呢？

相對地，人也找神談判。在密謀暗殺烏利亞的事情被先知揭穿後，大衛與神談判，先是為了自己的命，再是為了自己稚子的命[32]；在遭逢撒但的手所加的各種傷害之後，約伯呼求上帝親自出來「給個說法」，這時候，他也談判，而且是以死要脅：「為何不赦免我的過犯，除掉我的罪孽？我現今要躺臥在塵土中；你要殷勤地尋找我，我卻不在了[33]」；而上帝怎樣說約伯呢？上帝承認：約伯說得有理。

然而在聖經中，談判不單是發生在神人之間，也發生在人與人之間，為了贏得拯救，但更是為了藉著拯救張顯神的意願。耶利哥城的妓女喇合和約書亞的探子談判，之後以色列人開始進入迦南地[34]；以色列選出第一個王之前，人民找撒母耳談判；大衛青年時流亡，多次與追殺他的掃羅談判；以斯帖拯救以色列民免於亞哈隨魯王的滅族召令前，也與亞哈隨魯王談判[35]；談判是弱者面對強者時鼓起勇氣的行動，是不放棄希望的象徵。

然而，更重要的是，神與撒但之間，也談判。在下手傷害約伯之前，撒但與神談判，還談了兩次[36]；在開始傳道之前，耶穌和撒但談判——撒但提出三個試探——談判就是不陷入對方的試探。事實上，整本聖經的故事就是從一個試探、也就是一場談判開始：蛇要人吃分辨善惡樹的果實[37]。

這場談判的重點是什麼呢？

重點是蛇提出的問題：「誰說這個不能吃？吃了真的會死嗎？」

蛇的回答是：不一定會死啊！吃了還會升級喔！「你們吃的日子眼睛就明亮了[38]」！

同樣的話，不久之後我們就會聽到了。但今天下午的重點在於：我們要的是談判，而不是談談而已。江宜樺從到場到離開，前後不過十分鐘左右，這場短兵相接的談判，焦點是什麼？是學生代表一開始提出來的訴求：退回服貿協議，建立兩岸協議監督機制。學生代表表示：先承諾這兩點，我們再來談。

或許有人會覺得，學生為對話設下條件，姿態太高，或是沒有誠意。但事實上，學生提出的，正是聖經中的談判方式。最好的例子，就是與神摔跤扭了腳的雅各對他的對手說的：「你若不給我祝福，我就不容你離去[39]」。這是標準的談判語法：「你若不……我就不……」、「你若……我就……」。這樣的語法，上帝在試圖勸服該隱的時候用了[40]，在勸告亞比米勒的時候用了[41]，約瑟的兄弟們在勸服以撒的時候用了[42]，神在與法老談判的時候用了[43]。更重要的是，這是神與以色列人立約的句法：「你若謹守耶和華——你神的誡命，〔……〕他必照著向你所起的誓，立你作為自己的聖民[44]」。這說明了：立約之前，必有談判；談判是為了立約，沒有談判，就無法立約。為什麼現在我們要談判？

因為先前的約已經毀了。毀在政府黑箱簽定服貿的作為，毀在三十秒逕行通過的作為，毀在掌權者對民主價值的踐踏。前約已毀，而且是統治者毀的，而今橫遭毀約的被統治者提出重新立約的條件，姿態太高嗎？沒有誠意嗎？還是像統治者一樣，毀約在先，並且絲毫不尋求重新立約，這樣姿態比較低？

江宜樺什麼也沒談成，走了。

夕陽將盡，我和妻走在濟南路上，經過你們中間，我不由得心想——

我終於回到台灣了。

這時，歐亞大陸的另一端，比利時發動了第一場聲援我們的集會示威。同時，FG在深夜傳了訊息給我：明天我也到現場看看吧！

三、王的心意如何[45]？

三月廿三日，占領立法院後的第一個主日。我和妻子一早到了立法院，等著參加在青島東路中庭舉辦的主日崇拜。

到這一天，現場已經拉出了醫療通道，幾個道路據點也早已架起了舞台，在濟南／中山南、青島東／中山南、青島東／鎮江街，一共三座舞台，而中庭就在青島東／鎮江街舞台後方的入口內。白天人數較少，但依然擠滿了整個中庭。我們換上主領崇拜的長老教會分派的背心，前往中庭右側警察與群眾交界處——即將進行主日崇拜的地點。

我們小心翼翼地穿過人群，四周或站或坐的年輕人們自在地交談，偶爾和我們交換認可的微笑，或是點頭示意，我低調地回應，心裡卻感到一陣喜悅與遺憾交雜的輕微震顫。前往主日崇拜的路，本來就是一條應該懷著喜悅的心情走上去的路，然而，在台灣，真正掌握宰制地位的信仰是儒教，而非基督教，台灣的讀經班讀的是《論語》，而不是《聖經》，我們真正歡欣鼓舞、心甘情願跟隨的是媽祖遶境的路途，而我們獻上牲禮時，並不在乎耶穌基督，在這個未曾像南美洲一樣，被基督教夾著殖民者的槍砲毀掉所有文化，卻被儒教政權夾著槍砲毀掉所有文化的地方，基督徒前往參加主日崇拜，何曾得到過旁人肯定的微笑呢？

但是在別的地方並不是這樣的。

當尤莉亞．瑪茹薛夫斯卡的影片〈我是個烏克蘭人〉在我們占領立法院之前卅六天出現在 Youtube 上的時候，那天是二〇一四年二月十日，但烏克蘭早在二〇一三年十一月廿九日，便見證過烏克蘭警察的暴行。那天晚上，烏克蘭人民意外發現：政府竟然出動特種部隊鎮壓和平集會。政府的野蠻措施激發了更大的反抗。十二月一日，超過百萬名烏克蘭人聚集在獨立廣場；震驚於人民意志的當局祭出新的集遊惡法，而更嚴苛的禁令激發了更大的反抗。烏克蘭人民在十二月十一日發動更大的遊行，在深夜遭到軍警殘暴回應，這時，烏克蘭的教會做出了令人難忘的舉動。在位於首都基輔的聖米加勒修道院中，敲鐘人伊凡．席多爾（Ivan Sydor）因為接到許多群眾的電話，便帶著修道院的其他修士，一起敲響修道院內所有的鐘。在事後的回憶中他說：「上次聖米加勒的鐘全部響起，是一二四〇年蒙古韃靼人入侵烏克蘭的時候[46]。」

在那天晚上，教會與人民同在，用鐘聲陪伴著所有以相互勾著的手抵擋特種部隊的人民。在黑暗中，面對眼前真槍實彈、真真實實的暴力所帶來的恐懼，鐘聲就像聖靈一樣，讓有耳可聽的人，聽到教會用說不出的嘆息，為所有人禱告。

在台灣，這樣的禱告，我們還不熟悉。

那天早上，是我第一次參加長老教會的主日崇拜。因為地點靠近鎮江街與青島東路的交界，舞台喇叭傳來的聲音一直蓋掉牧師講道的話音，但我還是可以清楚聽見身邊的弟兄姊妹唱詩的歌聲，這歌聲瀰漫在我們四周，我看見牧師身後聚集了幾個年輕人，看著我們的好奇眼神中帶著尊重，我也看到在我們背後，成排的警察在警盾後面垂著頭，似乎藉著這段短暫的溫柔時光，和我們一起，得到休息。

這安息的時刻並沒有延續太久。在唱詩、講道、朗誦信仰告白、牧師祝福過後，原本只屬於我們這個小小的主日崇拜的空間裡的寧靜，突然間擴散到整個抗議現場——並不是因為這一小撮人的聚會，而是因為各處舞台的喇叭，在這一刻，同時傳來了馬英九在國際記者會上發言的聲音。

總統一開口，全場都安靜了。

上午十點，我從主日崇拜的弟兄姊妹當中走了出來，穿過中庭，看到坐滿了整條青島東路的年輕人，每個人都仰著頭，臉上灑滿陽光——為了聆聽馬總統說話，萬民在燦爛的光輝中聚集。

還沒聽完，我心裡已經油然而生一股無可名狀的怒火。像是要回應我一般，我身後不知道是誰，突然罵了聲「X！」，簡潔有力。在馬總統溫文爾雅、字正腔圓的講話中，我們都懂得他的意思，「你萬事都能做，你的旨意不能攔阻[47]」；而我們呢？在這片明亮的陽光中，我們「在塵土和爐灰中懊悔[48]」，懊悔我們還以為你是講道裡的，以為你聽得懂我們在說什麼，以為會有談判的空間，但事實上一點也沒有。

霎時間，我腦海裡閃過一個問題：當年也是這樣嗎？

在一九四五年八月十五日，台灣放送協會和日本同步，播放了通稱「玉音放送」的《大東亞戰爭終結之詔書》。當年，我的爺爺不過是個青少年，我那因戰爭而失學的奶奶還只是個少女。當年，他們是否也像今天一樣，和全村的人聚集在一起，聽著某個電子儀器當中，從遠方傳來某個領導人的聲音呢？當時，他們的心情是什麼？是否為了戰爭的結束而鬆了口氣？還是為了未知的未來而心懷揣揣？那天放送的時間是正午十二點，那天，陽光一樣燦爛嗎？

我懷著滿腹的疑惑，和妻子一同回岳父母家暫歇。

四、拉瑪撒巴各大尼[49]？

接下來的事情，你們都知道了。那天晚上，你在哪裡？

我和妻回岳父母家吃了點午飯。下午看到學生的回應，心想：應該暫時沒事吧。臉書上出現了有紛爭的消息，有朋友的訊息說要到台大社科院召開會議，我都沒在意。台北大學和中山大學的社會系都已經決定罷課，外國開始傳來聲援的消息。抗爭正在升溫，看來政府還得做出更大的讓步。我放心地任由自己進入夢鄉。

這是我最後一次安心入睡。

醒來時，已經是晚餐時間了。我和妻子一家人吃飯時，電視上突然傳來緊急報導：

學生衝進行政院了！

怎麼回事？

直到現在，我都還記得那一刻的感覺，一種不詳的預感。我和妻子立刻準備好出門。

我將車子停在林森南路和忠孝東路交會處附近，先在麥當勞等答應今天要來立法院看看的ＦＧ。他騎著腳踏車，悠閒地從中正紀念堂附近晃了過來，不知道我心裡正焦急如焚。今晚這事絕難善了。手機裡，我爸在抗爭開始後第一次給我傳來簡訊：

「不要去行政院，今晚一定會武力清場，政府不會容許他的權威被這樣挑釁。」

在林森南路與忠孝東路交界，可以清楚看到人群正往行政院，在忠孝東路上集結。立法院呢？警政署就在忠孝東路與鎮江街交界對面，警力大可通過鎮江街常驅直入。我決定帶ＦＧ先逛一圈立法院四周，順便確認現場狀況。

走到青島東和鎮江街交界，我看見人群依然不減。暫時不用擔心這裡了。我和妻都想到行政院去。這時候，不論是黑蔦小隊還是其他朋友，都已經在臉書上不斷傳來訊息，像頻仍的戰鼓一般。

我必須顧慮ＦＧ的安全，他從來未曾到過社運現場。

「等一下，如果狀況不妙，你就先走，這你可以答應嗎？」

或許是被立法院四周的人數所震懾，或許是感受到層層的拒馬與隨處可見的警察與盾牌所傳來的壓力，ＦＧ先前一派輕鬆的樣子已不復見，認真地點頭答應。

我們三個人便沿著中山南路，從監察院旁的人行道，往行政院走去。身邊不斷有人超過我們向前奔去。

在行政院外，三架成排的拒馬上站滿了人，有人拿著擴音器在指揮前來聲援的群眾。正門口有好些人正在七手八腳地試圖拆除擋著門的拒馬與蛇籠，上面覆蓋著好幾條棉被，先前他們應該就是踩著這些棉被進去的。現場到處都是口號聲。

我們從側門進入，穿過已經到場就地坐下的人們。空氣中瀰漫著興奮與緊張的氣氛。我抬頭環顧四周，左手邊，是常見的行政院主體建築，右手邊，是另一棟建築，再往後走，又有另一排建物。三棟建築將平地空間分割為一個ㄇ字型。我心裡暗叫不妙。在進立法院議場那天，我們陷入**圍城狀態**，而現在，我們卻走進**分散兵力**的局勢！這個地形沒法守住，警察可以從ㄇ字型的任何一邊把人拉走。但我什麼也不能做，只能決定：留下來，或是趕快走。

我們走到最深處，在最後一排建物前面，許多人正手勾著手坐著，有兩個社運工作者正拿著擴音器，告訴大家非暴力抗爭的原則……我已熟悉這樣的場景，但今晚，空氣中飄著某種陌生的氣息，令人感到不明所以的害怕。黑鳶小隊的隊長正好傳來訊息：「今晚所有人都給我撤，除非已經做好覺悟的……」口號夾雜著歡呼聲，人群靜坐的秩序和空氣中的紛亂，合構出一面荒謬的場景。我當下決定：先把ＦＧ帶走。

沿著原路出來，人已經擠到難以動彈。ＦＧ牽著他的腳踏車，被擋在右側建築門口。我叮囑他：想辦法出去！但卻一點也沒法幫上忙。

我和妻子先走了出來，到行政院正門內的中庭。這裡人還沒滿，幾個人一把將蛇籠扯開，更多人從大門口湧了進來，我和妻子便又就地坐了下來。我想確認ＦＧ的狀況，但電子通訊似乎受到嚴重的干擾，電話無法接通。這時候，人群中響起了一片驚呼，妻子伸手指著前方漆黑的天空：「看！那是什麼？」

一架我沒見過的機器，在我們的上方盤旋，機器四邊閃著妖異的紅光，像是魔幻故事中的怪物充滿惡意的偵查的眼睛。原來，那是一台空拍機。

這裡，是二〇一四年三月廿三日深夜的台北；這裡，是一九三〇年十一月南投霧社的山區；在我們頭上盤旋的空拍機，就像是決心嚴厲報復的日軍在起身抗暴的賽德克族頭上飛過的偵察機。今晚，警察會投下毒氣彈嗎？

我想起了我爸的簡訊。我開始相信他的預言了，我的皮膚感受到四周按兵不動的警察散發出來的決心。但他怎麼會知道呢？他並不在這裡，感受不到這裡肅殺的氣息，他憑什麼做出預測呢？

但相反地，我四周的年輕人，他們又為什麼不知道呢？你們感受不到黑夜中滿滿的殺意嗎？

頓時間，我明白了，這是「未曾認識埃及法老的一代」。

在聖經中有兩次重要的解放，第一次是《舊約》當中，以色列人藉由神的大能，由埃及手下得到解放，這預示了第二次，也就是《新約》當中，全人類藉由耶穌的受死與復活，從死亡與罪的挾制底下得到解放。然而，我們卻常忽略一個細節：當年跟著摩西出埃及的，只要年紀超過二十歲，都至死未能進入應許之地[50]。在耶和華眼中，那是「**行惡的那一代人**」，他們為什麼會行惡？因為他們在埃及人手下當奴隸，已經學了埃及人的那一套；他們認識埃及人，勝過認識拯救他們的神。這一代人，在曠野裡流浪四十年，直到新一代人成長、茁壯，神才讓新一代的領導人，帶他們進入迦南地。

一九四五年後出生的台灣人，都是在埃及地為奴的台灣人，因此，他們對於國民黨政府如此熟悉，無須親臨現場，就知道今晚即將發生的事情。而今晚到場的年輕人，卻是未曾在埃及法老手底下受過苦的一代人，他們就連在殺意四溢的行政院，還是聽從領導人的吩咐：「剛強壯膽，不要懼怕，也不要驚惶[51]」；他們聚集在這裡，「大聲呼喊[52]」，彷彿這裡是耶利哥城，進入迦南地必經的第一仗一般。

然而，沒有人告訴他們，這裡不是耶利哥城，我們還在曠野中，而且在曠野中用選票迎來了埃及法老，當我們的主。

警察用干擾訊號張開了結界，在行政院中庭裡的我們，手機訊號強度極度惡劣。消息傳開，大家開始轉而使用另一種新的App：Firechat。半年後，香港爆發了雨傘革命，起身反抗香港特區政府的香港人民也開始使用這個App，並且登上了美國電視新聞。

在斷斷續續的臉書訊息中，我發現朋友LE的訊息：「X的！我被警察打了！」在訊息下面飛躍而出的詢問串裡，他說自己在北平東路上，妻子和我當下決定先去北平東路看看。

我們從行政院正門口出來，沿著忠孝東路快步走向天津街，左轉，下個路口就是北平東路了。但我們沒走幾步，立刻被一雙手擋住：是AR！衝進立法院那天要我拍警察的朋友！

AR伸手示意我們不要再往前走，嚴肅地說：「前面已經開打了，你們跟我來，叫人不要再進行政院。警察已經不是在清場，而是在鎮壓準革命了。」

怎麼辦？要去找LE嗎？要聽AR的嗎？

我們當下決定跟著AR回頭。到了行政院側門，他要我們兩個在這邊擋人，叫到場的群眾不要繼續進入行政院，他自己則是要進去裡面找指揮，讓人離開。我明白他的意思：運動者對於前來聲援的民眾有保護的責任，至少，這是他認為應有的運動倫理。

AR從側門再度進入行政院，瞬即隱沒在人群中，我和妻子留在側門，張開雙臂大喊：

「不要再進去了！警察已經開始打人了！回去守立法院！」

但人群並不聽我們說的。少數幾個人聽到我們的話，站在外面的馬路上觀望，但更多人則是繼續進去。糟糕的是，開始有些中年人氣沖沖地質疑我們：

「你們是誰？誰叫你們在這裡講的？你們是不是國民黨派來的？」

我不由得苦笑。國民黨派來的？

然而，真正讓我放棄的，是一個穿著制服的高中學生。他稚嫩的臉上露出憤怒的表情，拿起手機對著我一閃，說：「你的照片我拍了，我會傳上網，叫大家把你搜出來！等一下我就去找指揮官！」

我張開的雙臂垂了下來。我拿什麼對抗一顆年輕真誠的心靈？

裡面開始有人往外走，或許，AR進去找指揮官終究發揮了效果？警備車已經開始往這個地方聚集，我們決定暫時離開側門。到了行政院正門斜對角的天橋邊，手機通訊恢復順暢，我接到另一個朋友DE的訊息，趕緊叫他到這裡會合。

DE一到，我請他和妻待在一起，以免走失。中山南路與忠孝東路交會的十字路口上，人群已經開始阻擋警備車進入。我加入其中一組人，擋在車子前方，駕駛座上的警察還一臉無辜地笑著跟我們說：我們不會去支援的！讓我們走吧！想不到，往火車站那側的群眾竟然讓出了路，就這麼讓這台警備車走了！我氣得大吼：

那他繞路回來不就得了嗎？那側的群眾當中一名婦人聽到我吼，先是一愣，然後露出恍然大悟的表情，看得我一股氣都不知該怎麼發作。

行政院通訊不良，北平東路傳來打人的消息，AR的行動不知所終，馬路上群龍無首，手機上不斷傳來臉書與Firechat的訊息……這是個驚慌混亂的夜，我們的心未曾如此靠近，因為我們距離恐懼未曾如此靠近。

手機沒電了，我和妻以及DE開始跑，尋找願意讓我們充電的店家。從青島西路，經過YMCA會館，一直到接近火車站對面的新光三越大樓後方，我們一共問了五家便利商店，才有一名店員願意讓我們借用櫃檯後面的充電器。氣喘吁吁的我們，總算能休息一下。

這時，已經接近子夜了。

起初，是黑夜。

現在，對我而言，整件事得從黑夜說起。

那天晚上，我們再回到中山南路與忠孝東路交界時，聽到了行政院內傳來了蘇貞昌的聲音。消息傳來：民主進步黨的幾個高層已經抵達行政院內，表示要參與靜坐。LE 表示已經離開北平東路，我連絡不到 FG 和 AR。DE 決定先回家，我和妻也就此回去。

騎車經過北平東路與中山南路交界處，我清楚地聽到人群內突然傳出一陣驚呼，接著是路邊大量的閃光燈，手機與相機都有。

然後，我們回到家了。我們終於回到家了。

妻子和我各自在臥房與客廳，打開自己的電腦螢幕，霎時間，「毀滅和強暴在我面前[53]。」

「我不敢相信今天的新聞，我無法閉上眼睛便將它們抹去[54]。」

果然，起初，是黑夜，而且非常冰冷，因為涼的是我的心。

整晚，我和妻子都沒有交談。我不想讓她看見我的臉，或者，我根本沒想這麼多，但我知道，我臉上一定有我自己都沒見過的恐怖表情，因為感到自己未曾體驗過的憤怒。

戰爭開始了。

這是棍棒與鮮血的戰場——三月廿四日的清晨，行政院內外的群眾手無寸鐵，倒是包圍群眾的警察不吝惜使用盾牌與棍棒——戰爭，是日常生活的終結，開始於我們以為找到通往未來入口的那刻。**前所未有的事情頭一次發生了**。

不，不是前所未有。一九四七年，二月廿八日，台灣人民聽聞前一日警察在街頭開槍殺人的事件，群情激憤，聚集到忠孝東路與中山南路交界的長官公署——行政院，要求政府給個說法。他們沒有想到，在下午一點，行政院開槍掃射，多人死亡。下午三點，警備總司令部發布戒嚴令，並派軍掃蕩台北市區，繼續掃射人民。

翌日，全台灣人民起而反抗政府。

今晚，又在這裡，警察再度對人民動武。

這裡，是台灣，一九四七，二〇一四，行政院——長官公署——殖民政府總府。台灣的春天總是穿著血腥的大紅衣裳。

這夜，要稱為馬英九的夜，因為馬英九派出他的使者，擊殺聚集在行政院內外的一切人，在這當中，有多少人家頭生的子女？有多少人在台北聽見嚎啕大哭的聲音？是母親們哭泣她們的兒女，不肯受安慰，因為他們都不在了……。

這天晚上，祢在哪裡，耶和華？

我突然懂了，這就是耶穌在十字架上的最後一句話。「以羅伊！以羅伊！拉馬撒巴各大尼！翻出來就是：我的神！我的神！為什麼離棄我[55]？」

我的神，我的神，祢為什麼遺棄我們？

我靜靜地坐在電腦前看了一晚。一直等到黑色島國青年陣線貼出「我們極需以下物資」的時候，我才進臥房找妻子，推開門，我們兩個都看見彼此眼眶中強忍的淚水。

天已經亮了。我們將家裡所有可用的毛巾與浴巾塞滿了整個大行李箱，又在住處附近的便利商店買了兩箱水。

到了立法院，我強裝鎮定，滿懷愧意地將水和行李箱交給物資站，裡面的年輕人還一臉誠懇地對我和妻道謝。我們順著林森南路，從濟南路走到青島東路。我看到一個中年的警察，一派閒散地看著路上的車輛來往經過，終於再也無法忍耐，走到他的面前大吼：

「魔鬼抓去了你的靈魂[56]！」

五、亞伯拉罕、以撒、雅各的神

中年警察吶吶地回了我一句：「人又不是我打的。」

他一句話激發了我所有的怒火：「不是你打的，你穿的制服不是和他們一樣嗎？你服從的不是同樣的長官，同樣的命令嗎？你們不是同袍嗎？不是你打的，你在那裡不會動手嗎？」

他訕訕地轉過頭去，不再搭裡我；這時候，兩個年輕女孩從濟南路與林森南路交界的便利商店走過，我聽到其中一個說：「那個警察回嘴幹嘛？讓他罵兩句不就得了嗎？」

這一刻，我感到無比的難堪。女孩無心的話讓我明白：我已經不是他們的同袍了。他們或許在立法院守了一整夜，或許他們昨晚才在行政院逃離——或是已經受了保警的棍棒，而他們並不激憤，豪氣不減。倒是我的義憤顯得幼稚了。

我瞪了那個警察一眼，掉頭離開。

和妻子走到鎮江街和濟南路交界時，我們迎頭碰上了從事工運的Q，他告訴我們，昨晚他也在行政院，目前行政院的示威者已經全數遭到驅離，警力還在行政院門口集結，並未散去。

我們立刻快步走向中山南路。

當我們抵達中山南路的時候，身穿頭盔與防護衣，手握圓盾與警棍的特警正列隊前進。這裡，是米倫的水邊，馬英九的國民黨政府和「他們的眾軍都出來，人數多如海邊的沙，並有許多馬匹車輛[57]」，突然間，我看見車上噴出強而有力的水柱，遠方監察院前面傳來了許多人的咒罵聲。

妻子和我分別拿起相機，今天，我們一定要讓你們的暴行在影像中永存不朽——「惡人的名字必朽爛[58]」。

特警的隊伍開始前進了。從忠孝東路開始，沿著中山南路，往青島東路推進。這裡，是格拉森，是被鬼附的地方，特警就是「羅馬軍團」，就是「群」，「因為他們多的緣故」。這裡，是烏克蘭基輔的獨立廣場，但是教堂並未傳出鐘聲。我站在中山南路中間的分隔島上，特警的部隊距離我不到十公分。有個特警轉過頭來瞪了我一眼，眼神中滿是殺意。我抬起手中的相機，他從我面前走過時，還伸手推了我一把。我左腳後踮，轉頭一看：妻子不見了！

我開始大聲叫喊妻子的名字，軍團就在我腳前魚貫而過，煞時間，在立法院與台大兒童醫院中間的這個分隔島上，世界似乎天旋地轉了起來。我嘶喊了一遍又一遍，直到不知道轉了多少圈，發現妻子就站在分隔島的另一端，高舉雙手，拍攝從她身前經過的特警，削瘦的身子在全副武裝的警察面前，竟顯得如此脆弱又如此剛強。

我趕緊走到她的身邊，一起站立。

Q走了過來，跟我說：「你真的很擔心她喔，」我不知道他這話是什麼意思。就在這時候，特警的隊伍已經抵達中山南路與青島東路的交界了。殺了一晚還不夠，他們也要對青島東路這邊的人群動手了嗎？

在青島東路對面，上班的人群也開始聚集在紅綠燈前面。突然，從濟南路那邊，有個留著八字鬍的瘦弱男子跑了過來，高聲喊叫：

「你們看！國民黨要來打台灣人的囝仔啦！你們還恬恬站在那裡幹嘛？趕快過去支援啊！國民黨的警察要來打台灣的囝仔啦！你們都瞎了嗎？」

他一路高喊著，從濟南路口跑到青島東路口。他就是「從但傳揚，從以法蓮山報禍患[59]」的聲音。以色列人沒聽耶利米的話，台灣人會聽他的話嗎？

我轉過身去，看著在青島西路與中山南路交界處、台大兒童醫院前方聚集的人群，他們動也不動。我凝視著，一個接著一個，掃過他們的臉孔；在他們的眼睛裡，我看到了我這一生永遠不會忘記的眼神。

那是恐懼的眼神。

那是在馬英九統治底下，台灣人民的眼神。

那是在二二八大屠殺之後，台灣人民的眼神。

那是聽聞摩西帶來解放的消息時，以色列奴隸的眼神。

那是基拉爾王亞比米勒取走撒拉時，亞伯拉罕的眼神。

那是害怕妻子利百加為他召來殺身之禍的以撒的眼神。

那是害怕再失去一名愛子的雅各的眼神。

在聖經當中，我們的神被稱為「亞伯拉罕、以撒、雅各的神」，這不是在表明一個神聖家族的世系，而是在表明一個在恐懼中被神拯救的家族的世系。「基督教是奴隸最好的宗教」，這是只有奴隸能夠明白的真理，而亞伯拉罕、以撒、雅各的神，就是奴隸的神。

今天早上，在路人的眼神中，我看到了：台灣人終於發現了自己靈魂裡，那個一直不被正視的奴隸。

特警此刻已在青島東路前方集結完成。群眾當中傳來堅定的口號：退回服貿，捍衛民主。經歷了一夜的驚恐，人們並未退縮。

啊！「耶和華啊，惡人誇勝要到幾時呢？要到幾時呢[60]？」

註釋：

1 創八5～12。
2 創六22。

3 創七11。

4 得三3～4。

5 箴八34。

6 撒上十三13～14。

7 詩二十五3。

8 詩二十七14。

9 魏德聖，《賽德克．巴萊》，〈上：太陽旗〉，二〇一一。

10 路十二36。

11 見列奧．施特勞斯，《自然權利與歷史》，彭剛譯，左岸文化，台北，二〇〇五，頁101。

12 列奧．施特勞斯，〈德意志虛無主義〉，見《蘇格拉底問題與現代性》，劉小楓編，華夏出版社，北京，二〇〇八，頁129-130。譯文略有更動。

13 見J. M. Barrie,《彼得潘》。

14 太廿五21；路十九17。

15 西蒙．韋伊 Simone Weil, "*Autobiographi espirituelle*"（〈心靈自傳〉），見 *Attente de Dieu*（《期待上帝》），Fayard，France，頁42-43。

16 腓二7。

17 來二14。

18 賽六十一1。

19 路四18。

20 林前四9。

21 艾蒂安・德・拉・波埃西，《自願為奴》，孫有蓉譯，想像文化，台北，二〇一六，頁62-63。

22 出二十九13、18；民五26；亦見利未記一到九章。

23 麥可・波倫（Michael Pollan），《烹》（*Cooked*），Alex Gibney導演，Netflix紀錄片。

24 彼前二9。

25 太六9～13；路十一2～4。

26 參考雷薩・阿斯蘭（Reza Aslan），《革命份子耶穌：重返拿撒勒人耶穌的生平與時代》，黃煜文譯，衛城出版，台北，二〇一四。

27 太三2；可一15。

28 路十五7。

29 出埃及記三、四章。

30 出埃及記五至十二章。

31 士六17～40。

32 撒下十二。

33 伯七21。

34 約書亞記二章。

35 以斯帖記五至七章。

36 約伯記一、二章。

37 創三1～6。

38 創三5。

39 創三十二26。
40 創四7。
41 創二十7。
42 創四十三4～5。
43 出八2、21；九2；十4。
44 申二十八9。
45 拉五17。
46 伊夫根尼·阿菲聶夫斯基（Evgeny Afineevsky）導演，《凜冬烈火：烏克蘭自由之戰》（*Winter on Fire: Ukraine's Fight for Freedom*），Netflix 紀錄片，二〇一五。
47 伯四十二2。
48 伯四十二6。
49 太二十七46；可十五34。
50 民三十二11。
51 書一7。
52 書六5。
53 哈一3。
54 U2, "*Sunday Bloody Sunday*"（〈血腥主日〉），收錄於專輯《戰爭》（*War*），一九八三。
55 可十五34；太二十七46。
56 莎士比亞，《哈姆雷特》，〈第五幕〉。
57 書十一4。

58 箴十7。
59 耶四15。
60 詩九十四3。

第五幕

一宿雖有哭泣

1

聚集我們。

（歷代志上十六章三十五節）

起來吧！像大夢初醒的雄獅
以無可敵擋的人數！
將你的鎖鏈甩到地上
像那在睡夢中降臨到你身上的露珠：
你們不可勝數——他們勢單力孤。

（雪萊，〈暴政的假面〉）

一個星期過去了。三月十七日的黑夜，我們在立法院前面愁煩；三月廿四日的清晨，我們在立法院前面驚懼。我們和挪亞一樣，等了七天，等到了政府的棍棒，我們還要再等七天嗎？我們還要等幾個七天？

特警的隊伍在青島東路前聚集，立法院外的年輕人全都動了起來，手勾著手，打算進行非暴力抗爭。雙方對峙，情勢一觸即發。

但幾分鐘後，警察便收隊了。

我將消息回傳到黑鳶小隊，其它黑鳶也紛紛回報。瀏覽討論串時我才發現，昨晚，我們有好幾個小隊員都在現場，先前下令所有小隊員「除非做好覺悟，不然全體撤離」的班長，被水砲車沖了好幾次。小隊的討論串中罵聲不絕，卻莫名地洋溢著某種歡樂。看著大家的發言，我竟然也感染了某種哭笑不得的釋然。在這個虛幻又真實的團契中，沒有人責備我昨晚沒有「**同受苦難，好像基督耶穌的精兵**[2]」，我保持著我已配不上的同伴身分，但我心裡清楚感受到某種虧欠，某種愧疚。在三二四血腥鎮壓的那夜，我又一次從弟兄姊妹的身邊轉過頭去，就像在逾越節的晚餐過後，耶穌告訴自以為能「**同你下監，同你受死，也是甘心**[3]」的彼得：「**我告**

訴你，今日雞還沒有叫，你要三次說不認得我[4]。」我還有資格待在這裡嗎？我還有資格當黑鳶小隊的一員嗎？

然而，耶穌在預言彼得三次不認主之前，甚至在彼得表明願意甘心為耶穌而死之前，耶穌已經先說了：「我已經為你祈求，叫你不至於失了信心；你回頭以後，要堅固你的弟兄[5]。」耶穌事先知道彼得之所以會否認自己，是因為「失了信心」；但是，祂怎麼會知道呢？

只要繼續回溯經文，我們就會發現，耶穌知道：不單是彼得，而是所有門徒都會失去信心，是因為「撒但想要得著你們，好篩你們像篩麥子一樣[6]。」怎麼篩呢？只要「擊打牧人，羊就分散了[7]。」而馬政府在三二四凌晨的黑夜時分，擊打我們，我們就分散了。因此，耶穌事先已經為彼得禱告，讓他不失去信心。

然而，耶穌為彼得所做的禱告，並不會立刻產生效果。要先經過被捕、受審，讓彼得先三次否認祂之後，耶穌還要死在十字架上、降到陰間，三日後復活。事實上，就算到這個時後，彼得也還是沒有恢復信心。他唯一充滿信心的，是耶穌預言他「三次不認主」完全正確，換句話說，一直到耶穌復活，他也只對自己的軟弱充滿信心，一如現在的我。要重新恢復門徒的身分，彼得還得親眼見到耶穌，並親自確認耶穌非但不計較先前自己三次不認祂，反而還三次重新授予他新的責任[8]。作為兩千年教會磐石的彼得，並不是一開始就是個堅定不移的剛強門徒。真正剛強的，是甘願受死的基督。

而今，誰來原諒我？

那天，在離開立法院現場之前，我到讀書會的臉書社團裡，留了句簡短的問題：

「大家都平安嗎？」

一、惡夢

我擺脫不了這個噩夢。

在夢中，我看見有一隻獸，樣子像恐龍，尾巴長而粗壯，眼中無瞳，身上沒有鱗片，覆蓋著像肉一般的粉紅色皮膚。我看見這隻龍用粗壯堅硬的陽物，刺穿了我父親的肚皮，我母親的肚皮，我妻子的肚皮。我看見他們趴倒在滿地鮮血中，腸子和著血流滿一地，淚水爬滿他們的臉頰，而他們睜著已死的雙眼，每隻眼睛都瞪著我，虛弱地問：

你為什麼沒有救我？

你為什麼沒有救我？

你為什麼沒有救我？

我的夢就停止在這個畫面，一雙雙瞪著我的眼睛，我所愛的人的眼睛。

我從床上一躍而起，看見妻子還在身邊安穩地睡著，和夢境相比，這畫面宛如天堂。

我立刻出門飛車奔往立法院現場。

在路上，DE又打電話來問：我想去現場看看，你覺得怎樣？

我立刻尖叫：不准去！你先待在家裡！有消息我再跟你說！

我覺得我瘋了。

在前往立法院的路上，夢裡的景像又再度浮現在我眼前。我使勁甩頭，試圖把這個畫面從腦袋中甩掉。忽然間，一輛車從我左手邊的交叉路口中猛然衝出——我竟然完全沒注意到紅燈！

在這一刻，我清楚地意識到：我受傷了，傷口不在身上，而在我的心底。暴力以某種超越物理規律的方式，在人的心裡造成衝擊。這就是所有暴君的不宣之秘：暴力無法消滅所有人的身體，卻能夠控制所有人的心靈，因為人是有記憶、能思考的動物，而暴力的記憶讓人無法思考，讓身體取代了靈魂的空間。「那殺身體，不能殺靈魂的，不要怕他們[9]」，耶穌如此告誡，但為何在客西馬尼園，「門徒都離開他逃走了[10]」呢？是門徒特別懦弱嗎？拉・波埃西不是說了，傭兵無法戰勝捍衛自由的人民嗎？

如果光靠說就有用，耶穌就不用赴死了。如今，在暴力的狂風剛橫掃過的台北街頭，我感到自己彷彿只剩空虛的軀殼，血液依然奔流，但似乎是奔流在另一個人的血管中。在親眼見證過耶穌像羔羊一樣被宰殺之後，門徒們究竟怎麼了？他們也和我一樣，感覺到魂不附體嗎？

我再度走進人群聚集的立法院周邊。沿著青島東路，我朝著林森南路的方向走過，繞過八巷的空地，再順著濟南路往中山南路前進。我這樣繞了一圈又一圈，像是要確認眼前的景象並非虛幻的夢境一樣。慢慢地，我冷靜了下來。人群的聲音與溫度讓我的神智暫時鎮定了下來。

或許，拉．波埃西沒完全說錯，如果不是彼此相伴，我們如何能不屈服於暴力之下？

在這天，立法院外的景象依舊，人民的意志和馬政府的冷酷一般堅定，愛與死同樣堅貞。然而，在我們看不見的地方，事情卻正在悄然改變。在媒體與網路上，三二四凌晨被驅離行政院的醫生團隊說話了，同時，在現場救援學生的律師說話了，台大法學院的教授聯署反對武力對付學生，原本只在小眾間流通的學生媒體「新聞ｅ論壇」開始獲得大眾的關注，台北醫學大學的學生開始在校園內絕食靜坐……我還看到獨立出版的ＳＰ公開徵求一周以來街頭民主教室的講稿，打算無償編輯印製，供人發放；Ｐ傳來消息：這個星期五，我們的公民論壇將移師到立法院街頭舉行；另外，在高中教書的朋友Ｕ也代替學生家長傳播訊息：「政府動粗，媽媽生氣了聯盟」……。

在這天，我發現了：原來這就是「彼此相愛」。這是耶穌給我們的新命令：「**我怎樣愛你們，你們也要怎樣相愛**[11]」。面對中國國民黨政府的暴力，更多人加入，付出更多了。

這能夠安慰一天之前的黑夜裡，一顆顆驚恐受怕的心嗎？

就在這天，美國國務院也說話了，國際媒體開始報導台北的街頭。我們成了一齣戲，給世人與天使觀看，我們拿自己的整個人演了一星期，終於，觀眾開始回應了。

但我還是清楚地記得噩夢中那條粉紅色惡龍的模樣。我這輩子，都得記得這頭獸的模樣，直到終了嗎？

二、不存在的經文

數年未見的導演朋友ＣＭ突然來電。

「家瑜，你晚上有空嗎？」

怎麼了？

「你認識在Ｑ大教書的ＬＳ對不對？他有個學生在行政院被打了，然後，狀況很不好，他希望我們能幫幫他的學生。我和他們聯絡過，他們有好幾個人，都是一起被打的……」

怎麼幫？

ＣＭ的想法是：我們幫他們錄影，讓他們說出當天晚上的經歷，然後，把影片都交給他們，我們自己不留。或許，ＣＭ想，能夠自我表達，會是走出創傷的第一步。

我們約在一個朋友的工作室碰頭。這裡距離立法院很遠，一點也感受不到抗議現場的氣氛。看到學生們依約前來，我不由得感到一股溫暖而悲傷的荒謬。他們信任我們，願意來對著我們的鏡頭訴說，而我們事實上什麼也不能做，只能按下錄影鍵，並聆聽他們的陳述。而在鏡頭兩邊的我們，心裡卻都還掛著那個不知會如何結束的故事，從三一七的黑夜開始的故事……。

那天晚上接受我們錄影的，一共有七個學生，分別來自不同的學校，性別、年齡各不相同，有個女孩還是一個孩子的媽。他們之所以聚在一起，全因為在三二三晚上，他們堅守在行政院大樓的大廳，在警察將記者全都趕出建築物後，一起承受了特警的暴行。

錄影開始了。

第一個接受錄影的，是個年輕的男孩子。他敘述當天晚上的經歷，但似乎沒有怒氣，倒是很能夠從歷史與社會的角度來分析他所認識的這場運動。在他的表情中，我看不太到創傷的痕跡。

但我知道，我看不到，或許是因為他不願意讓我看到，或者，他也未必願意讓自己看到。剛強與軟弱，不見得總是我們表面上所看到的那樣。

但我和妻子以及CM都沒打斷他。這次的攝影，我們說好了：無條件接受他們所說的一切。這不是我們的故事，我們不能任意判斷，我們只是架起攝影機，讓鏡頭做一面友善的鏡子。要呈現什麼樣的影像，完全都由這些年輕的心靈決定，只要他們願意站到這面鏡子前面，那我們就靜默，和他們一起凝視鏡中的影像。

第二位，是個女孩子，個子很嬌小，過肩的長髮中藏著兩條細小的辮子，很特殊的髮型。說著說著，憂鬱開始佈滿她臉上的每一個角落，小小的個子在沙發上，因身體彎腰前傾而顯得更小了。

然後，她說：「其實，我的故事沒那麼重要……有人比我更慘得多……」

在鏡頭的另一邊，我咬緊了牙根，用盡全身的力量，要擋下我眼眶裡的淚水。這些年輕人，就算遭逢了暴力，卻依然想著別人，依然試圖要用理智與溫柔來克制自己的傷痛。她們的創傷無法如此輕易的癒合，因為他們在意的不是自己的傷口。在那個當下，我多麼希望跟他們說：不，你的故事很重要，你很重要，你們和其他許多人一同受難，是你們每一個人都遭受了苦難，而在苦難中，沒有誰的疼痛比誰的更不真實，更不應得到看重……。

但在鏡頭後的我們繼續保持沉默。

第三個，是ＬＳ的學生，他說狀況很不好的那個。他說著說著，就開始掉下眼淚來了，警察的殘暴倒映在他的眼神中。他邊講邊哭，突然，問了一個問題：

「我一直在想：我們錯了嗎？我們是不是不應該占領行政院？我們是不是對運動造成了傷害？」

聽到他的問題，我終於放手，讓眼淚從眼角滑落。

直到今天，許多人對於占領行政院那天，依然抱著疑問，乃至於質疑，彷彿出於同樣訴求的占領行動，只因為警察惡意的暴力對待，便突然間成為了錯誤的行為。我們一直沒法公開地說：就算占領行政院不是全體參與者的決策，那也不代表警察有任何權利，可以對這些手無寸鐵、毫不反抗的和平示威者施暴。而這正是台灣的基督教會欠整個社會的債，因為我們的主耶穌，就是一個無罪卻為世人承擔罪，乃至為世人承受暴力與死亡的人，正是因為祂為我們的罪承受了暴力，祂成了我們的基督——我們的受膏者，我們的王。基督教，就是王教。而基督教之所以不同於人世間的君王崇拜，正在於我們高舉受難者為王，這是我們終極的抗議。我們欠整個國家的，是這個本於我們信仰核心的說明：基督徒只認那個十字架上的耶穌為王，這表示我們不認手握生殺大權的羅馬政府有任何真正的權威。相對地，耶穌接受殘酷的暴力，正是從此一槌定音，判定了暴力的殘酷。沒有基督徒會說「耶穌該死！死得好！」因此，也沒有基督徒可以說警察對和平示威者的暴力不是殘酷的。基督徒領受耶穌的寶血作為救贖，前提是耶穌不應該流血，因為耶穌無罪；而正是因為不應該流血的基督流血了，這血才有了救贖的大能，不然，難道我們會認為巴拉巴流的血，能做為世人的拯救嗎？

我們應該把這個說明還給全國人民：我們信仰的是無辜受難的基督，因此無辜受難者和我們的基督同在。占領行政院的年輕人是和平的，因此，他們在經受暴力之後，是我們的和平之君。而今，台灣教會的沉默，讓這些年輕人心靈無依，甚至懷疑起自己「錯了」，「傷害了運動」。這時候，原本應該最有能力安慰他們的教會，在哪[12]？

或許，這安慰不會這麼快來，一如在福音書中，門徒們也不是這麼快就得到安慰。在四卷福音書中，有一段沒有經文的故事，在〈馬太福音〉廿七章六十六節和廿八章一節之間、〈馬可福音〉十五章四十七節和十六章一節之間、〈路加福音〉廿三章五十六節和廿四章一節之間、以及〈約翰福音〉十九章四十二節和二十章一節之間。在這四處經文所對應的，正是受難日與復活節，而在這四處經文中間，沒有隻字片語，彷彿受難日過後直接就是復活節，但這顯然並非事實。在受難與復活中間，有個暗啞的日子，無人記念，因為在這天，耶穌死了，躺在墳墓裡。這是實實在在的死亡。而隨著耶穌的死，門徒也失去了述說的能力，他們沒有紀錄這天的任何事情，一個字也沒有。在這個無人記念的星期六，他們在哪？

他們在這裡，在這個遠離抗爭現場的工作室，在鏡頭面前，說出了他們在受難日那天的所見所想，說出他們如何遭受羅馬政府的暴力。他們的記述，被我們用鏡頭記錄下來，然後再交還給他們。我也無法留下任何一個字，無法告訴你們。而這些失落的話語，便成了我心底喋喋不休纏著我的聲音，要我把故事說出來，所以，我在這裡繼續說著，儘管我心知肚明，真正重要的，已經隨著我們記憶卡中的檔案，交到了這些年輕人手中，他們握著真正的秘密，那個教會無論如何閱讀、翻譯、詮釋與爭辯，都無法說明的，在受難與復活之間，那個沉默的星期六的秘密。

在聖經中，知道這個祕密的，只有一個人，耶穌曾經對這個人說：「今天你要跟我一同在天國裡了。」

這個祕密，屬於見證無辜受難者，並宣告受難者無辜的那個罪人。

註釋：

1 詩三十5。
2 提後二3。
3 路二十三33；約十三37。
4 路二十二34；太二十六34；可十四30；約十三38。
5 路二十二32。
6 路二十二31。
7 太二十六31；可十四27。
8 約二十一15∫18。
9 太十28。
10 太二十六56；可十四50。

11 約十三34。

12 確實，在三二四鎮壓過後，台灣長老教會發表了公開譴責。但真理並不應該是長老教會獨佔的，同時，真理不應該自相矛盾，因此，不是長老教會錯了，就是沉默的眾教會閉口不說真理的話語。但無論如何，就算不能剛強壯膽，起身譴責暴力，至少，教會本於對耶穌無辜受難的認同，理應對承受暴力的年輕示威者表達安慰與祝福。

獨白

一

就在梁家瑜任由眼淚滑落的那一刻開始，我醒了。

打從三一八那天晚上，立法院議場的燈亮的那一刻起，我就進了梁家瑜的體內。這其實是個意外。我並未選擇他，是他腦中想到了一個我認識的老頭，把我吸引了過去。就這樣，我終於能作為一個遊靈，在這個我離開已久的島嶼，舊地重遊，沒人看得見我，但我可以看得見他，看得見你們，並第一次體驗他因長年熬夜而略為不整的心跳，感受到血液不斷溫暖我僵冷已久的身體，在這段時間裡，他的血是熱的，而且越來越熱，越來越熱，一直到今天為止。

而從我進入他裡面的那天起，透過情感意念的連結，讓他不時能瞥見我的記憶。事實上，他看到的聖經中的景象，都只是我以前看到過的景象罷了。而且，以他那人類的腦袋所能處理的程度，絲毫及不上我當年所見的千萬分之一。我曾經緊盯著的每一分、每一秒，在他的腦海裡都只剩下一閃即逝的殘影。然而，他並不是被選上的人，我不能讓他發現我的存在，因此，從進入他裡面之後，我便在他溫暖的血液中，舒服而安靜地昏睡著。他雙眼所見成了我的夢，我的記憶成了他聯想的泉源。

但錄影那天晚上，我醒了。這並不是第一次發生，過去也曾經發生在其他人身上，他們大多是你們永遠不會認識的人，你們的歷史雖然短，但你們的生命更是短暫，太多人你們來不及記錄下來，太多記錄下來的你們也還要刪除，不然你們的腦袋會當機，因為你們會整理不出一個可以理解並傳頌的故事。因此，許多我曾經在他們的血液中愉快地沉迷的人，都已經從你們的歷史中消失了，你們永遠找不回來，這是人世間的必然：永恆不變的紀錄並不存在。但無須擔心，永恆不變的紀錄不存在於這個人間，但永恆卻是存在的。一切都將重獲清明，只要你們碰觸得到永恆。

但顯然這對於現在的你們來說，是太過遙遠了。我得先把欠梁家瑜的還給他。

我欠他的是一個故事，在他落下眼淚的那刻，因為我的甦醒而被剝離他的記憶的故事。這是難免的，血液的連結就是生命的連結，你們人類從生養小孩的角度理解這點，但卻將它錯誤地引申到人際關係、又擴張到社會與政治。但真正在血液中連結的，是生命的故事，這不會被固著在任何名義的關係之上。

我之所以會醒來，是因為在流淚的當下，他已經快要接近我不能給他看的記憶，那個景象會嚇壞他。就算憑著他那雙人類的眼睛，或許也只能看見一片黑暗，但如果他瞥見了墓穴洞口的巨石邊緣透進一絲亮光，都可能會讓他發現身邊躺著耶穌的屍體。他說對了，那是沒人見過的景象，沒有隻字片語記錄的經文，那是永遠的奧秘，是耶和華獨自流淚的空間。看到這一切的那刻，人類必死。因此，當被我們附身的人要想到尚未復活的耶穌的那刻，我們就會離開，免得人看見我們最深處的記憶。醒來的過程可能很平靜，也可能很粗暴，端看那個人的個性、情緒狀態、精神狀況。梁家瑜在錄影那天，注意力完全不在自己身上，我靜悄悄地在一瞬間平靜地睜開眼睛，他的心跳很平穩，我浮遊在他閃亮鮮紅的血液中。我們之間以情感和記憶相繫的連結悄悄地斷了，但他毫無所悉；整整四個小時，除了滿心關切地聆聽他們的訴說，他沒有其他的念頭，絲毫沒注意到我，這是好事，不像我曾經進入的另外一些人，他們總是過於警醒，過於關注自己的思考，因此當我甦醒時，總是被理解為另一個聲音，另一個意識，然後，他們就瘋了。

但無論如何，在我甦醒後，他一定有幾天的記憶特別脆弱。在錄影那天晚上，送年輕人離開後，他完全不記得自己後來又做了什麼，事實上，在你們的立法院門口，他和一個素不相識的老頭兩個人乾掉了一瓶威士忌，又讓一個好心的計程車司機送他回家。這些他都沒有印象了。第二天，他和老婆在下午接待了一個法國紀錄片導演，他們看這個法國人被這場運動所深深吸引，便趁機向這個導演說了某個版本的台灣歷史，這個名叫 Franck 的導演心癢難耐，竟然當場邀請他們兩個接受他的拍攝，作為紀錄片的主角之一。直到今天，這部紀錄片還沒拍完，但那天下午，梁家瑜和他老婆坐在家裡的廉價沙發上，面對鏡頭，回答 Franck 的問題時，我從血液的起伏波動中，感受到梁家瑜的興奮，不禁暗笑。於是，我決定趁這段他記憶能力尚未完全回復的時期，開他一個玩笑。當 Franck 問到：「所以，在你們的經驗中，台灣在國際上不被承認的處境，這給你們什麼感覺？」

這個問題對台灣人來講非常嚴肅，我知道。梁家瑜頓了一下，我趁機在他的腦中一閃而過，讓他不由得脫口而出：「鬼。我覺得我們就像是鬼一樣。」

在你們的某些語言中，只能把我叫作鬼。有些民族怕我，有些民族讓某些宣稱有特殊能力的人物負責跟我溝通。但事實上，從來都是我選擇要和誰溝通，沒有人能強迫我接受溝通。為了找尋我，你們人類開創出一整串哲學與宗教的歷史。但是，這些都摸不著我的衣裳。曾經有個叫作蘇格拉底的老頭說：要抓住我的衣襟。他向來都娛樂性十足。在他被自己的城市公民大會處死的那天晚上，直到喝下毒酒後的最後的幾分鐘，都還在試圖找我。

他現在怎麼了？不能告訴你。總之不干你的事。

家瑜和 Franck 成了好友。我看著他在日復一日回到立法院漫遊的過程中，心裡慢慢回復力量，我知道，告別的時候快到了。但在台灣發生的這件事實在太有趣了，我還捨不得離開。我還想再待在他身上一會。但要待著，我就得繼續吸取他血液裡的溫度，他會無法完全恢復，我也無法完全清醒。於是，我和他又陷入了一段彷彿在異夢中合而為一的日子。我打定主意，這場運動不結束，我就不走。正是因為這樣，在運動結束那天，梁家瑜的心情特別惡劣，他不知道，那是因為我終於離開了他的緣故。

但我記得有一天，我和他都醒著，而且都感到很平靜。那天，台灣有個不怎麼樣的樂團，發表了一首歌，名叫《島嶼天光》。歌詞很不錯，編曲普通，但旋律和台語的搭配很好，我很喜歡。我聽過各式各樣的民族、用各式各樣的語言，唱過數不盡的歌曲，但我喜歡的很少，除非是一首與唱的人合而為一的一首歌。有太多的歌，和語言不搭，和文化不搭，和感情不搭，特別是你們開始把歌曲錄起來大量生產銷售之後，這種歌更是氾濫成災。但《島嶼天光》還不錯，至少，梁家瑜和許多人在二〇一四年三月廿八日第一次聽到的時候，內心都暫時平靜了下來。

對，一群人心靈平靜地相聚在一起，這是我們這種存在最喜歡的狀態，畢竟身處於滾燙的熱血中未必總是舒服。比起讓人內心激動的群體活動，像是聚在一起喊口號或是抽搐之類，我們其實更喜歡幾個人滿心喜悅地聚在一起，享受相聚的時光。而且，那天晚上在唱這首歌的時候，沒有人懼怕警察。在那一刻，我不單是感覺到家瑜的心情，我還感覺到家瑜身邊所有人的心情。對我們而言，這感覺遠勝於你們的鴉片。

二

在三月卅日那天，我附在家瑜身上，在中山南路與忠孝東路交界，和Franck碰頭。Franck一到劈頭便說：「你們知道嗎？整個捷運站裡，都是穿著黑衣服的人，像黑潮一樣！」我可以感受到家瑜和他老婆大吐了一口氣，緊繃的情緒整個放鬆下來。

那天，他們三人在人群間擠著，大概不是很舒服吧？但是我沒有形體，反倒是覺得像是逛夜市一樣，非常有趣。我看到一個年輕人在路口指揮大家排隊坐下，這時候，家瑜的記憶出現在我眼前：這個年輕人指揮的說話方式，就像是台灣夜市裡招攬生意的方式一樣！這個島實在是太妙了！這和上次我來的時候幾乎一樣啊！那已經是兩百多年前了，在一個小市集裡，年輕人高聲招攬客人，其中有個眼神銳利的男子，走到一個攤子前坐下，和攤子老闆交談了幾句，只見那個老闆露出一副「兄弟理會得」的表情，給年輕人端上來一盤鴨肉，然後兩個人開始乾杯起來。後來，這兩個人都被抓到北京去，處決了。台灣人後來好像還給那個賣鴨肉的老闆一個王的稱號。在他們兩個被抓之前的那段時間，我附在那個年輕男子身上，讓他看到了兩千多年前我在義大利半島上看到的景象，那是關於另一個年輕人的記憶，他更慘，全族被滅，淪落為奴隸，最後忍不住起身造反……他沒留下半個字，後來所有關於他的記述都是鬼扯，但無所謂了……。

在三三〇這天，我很舒服、很安靜地隨著梁家瑜和他的朋友，在人群間逛著。從這天起，家瑜恢復了他本來該有的力量。他開始翻譯西耶斯的《論特權》，他幫讀書會選了下一本讀本，是另一個年輕人臨死前寫的《大地上的受苦者》，那也是一段難忘的記憶。他找了身邊的幾個教授，錄了幾支影片，從哲學的角度切入來討論這場運動。這些其實也都不重要了。和你們當中的許多人一樣，他也開始找尋自己能做的事情。

希望你們好吧，我的國並不屬於這個世界，因此這個世界看不到我。但還是有少數人在想像中摸索到我的所在。在三三〇那天，家瑜的朋友，教哲學的C看到遊行的龐大規模，竟然在臉書上說：「主啊，我終於看見了上帝之城！」他太興奮了，和那天的許多人一樣，但是他想像中有一瞬，還真的看見我了。這一瞬是想像的，但不是假的，只可惜，它在人間向來無法長久，你們的本性就是這樣，沒有勇氣相信，沒有力量堅持。但沒關係，就算只是短短的一瞬，你們也還是看見了神明的衣襟了。

在那天，你們回應了自己的禱告，聚集你們自己了。你們演出了我在一八一九年的英國某個年輕人心裡看見的景象。當時，這個年輕人在報紙上看見，自己的政府在曼徹斯特對和平抗議的工人施行大屠殺，氣憤難當；在那天夜裡，我看著他緊握著鵝毛筆，就著昏黃的燈光，用發抖的筆尖寫下了〈暴政的假面〉。這個名叫雪萊的年輕人沒有活太久，但他如果在BBC上（天國要看什麼都不是問題），看到台灣在二〇一四年三月卅日的遊行，他肯定會像當年在某些文思泉湧的時刻一樣，興奮得手舞足蹈。不過我記憶中的這一段家瑜並不知道，那天，他自己高興得在心裡手舞足蹈，完全不可能看見我的任何記憶。然而，我在雪萊的血液中感受到的溫熱，隨著這首詩，在十九世紀參與勞工運動的美國工人之間盪漾，而今，在台北的街頭盪漾。在這天，我可以感受到，家瑜和你們都一起盪漾在這樣的喜悅中：

台灣的孩子們，光榮的子嗣
尚未寫就的故事中的主角
強健的母親哺育成長的孩子
你們是她的盼望，是彼此的盼望！

起來吧！像大夢初醒的雄獅
以無可敵擋的人數！
將你的鎖鏈甩到地上
像那在睡夢中降臨到你身上的露珠：
你們不可勝數——他們勢單力孤。

謝幕

退場的消息傳來時，我感到無邊的沮喪。

那天，是鄭南榕的忌日，有人在青島東路中央搭了個小棚，棚裡擺著他的遺像。如今，鄭南榕已經成了一個象徵，和切．格瓦拉一樣印在 T-Shirt 上，被年輕人驕傲地穿在胸前。然而對我而言，他一直是個難以想像的人物，令我感到無盡悲傷的一個謎。在這個晚上，看著一個又一個年輕人輪流來到這個臨時搭建的棚子，默默地獻上一盞小小的蠟燭，在搖曳的燭光前，我凝視許久，或許，他也凝視著我們？

在三三〇大遊行過後，我們依然天天到立法院，黑鳶依舊在黑夜裡起飛盤旋，拒馬依然宛如山岳般挺立。在三三〇當天晚上，我還和一群朋友在青島東路上慶生。然而，這一切似乎變得越來越像是個夢。立法院彷彿已經成了我們的家，我們已經無法想像不到立法院的日子，這成了我們的日常生活。戰爭，是日常生活的終結，開始於不知何時結束那刻……。

但是，不要怕，有人來報告退場的消息了，是關乎萬民的。

然而，真的要退場了嗎？我們每日都對明天依然為奴滿懷信心，在埃及的四百年如此，在兩約之間的四百年也是如此，解放難道不是個永不降臨的幻想嗎？馬英九依然沒有鬆口，服貿協議並未撤回重談。然而，一切也在悄悄轉變，新的行動正在湧現：網路上不知道哪來的人發起了割闌尾行動，街頭有人成立了新的團隊，從賤民解放區到噴火器樂團，台北紀錄片工會也開始全力投入現場記錄拍攝，還有一群年輕人組了四處遊蕩演唱的「北鳥：歌唱革命」，而歌唱革命正好是愛沙尼亞非暴力抗爭的名字……。

我突然想：或許，這一切將會一直持續下去。在衝進議場那天，前所未有的事頭一次發生了，但這不是新天新地的降臨，只是將一切更新的嬰孩所發出的第一聲啼哭。在這之後，這嬰孩還要經歷受難，而這受難，我們也經歷過了；接著，我們在萬眾聚集的那天，彷彿像是看到「天開了[1]」，讓我們看見了人民的榮耀。但就算如此，我們還是得等待新天新地，直等到死。這等待是無盡的，是使徒的等待，是所有基督徒的等待，在我們之前睡了的所有人，全都等待到死。初代教會甚至等到了耶穌的故鄉被羅馬鐵蹄踏平，故人被羅馬兵丁殺盡。預言真的會實現嗎？承諾真的會被滿足嗎？我們不知道，歷代基督徒都不知道，除了信，我們一無所有。

我終於明白，信心是我們僅有的一切。我們的存在，就是在黑夜中等待尚未實現的承諾。而按照《聖經》的敘事，在承諾實現之前，必然還有更大的苦難等著我們。或許，台灣會像耶路撒冷一樣，被帝國以武力剷除，或許，更悲慘的痛苦還在後頭，或許，我們都將死在刀劍之下。我們永遠不會知道。

然而，就在退場消息傳來的第二天，有個不知道從哪冒出來的傢伙，在立法院正門中庭，辦了場莫名其妙的聚會，名叫「大腸花垃圾話論壇」。在這個狂歡派對上，我又再次感到我的淚水化為血液。在那天晚上，因為這個垃圾話論壇，「眾人都來聚集」，聽見上台講話的人「用眾人的鄉談說話」，眾人都驚訝稀奇：看哪，這說話的不都是華人嗎？怎麼聽見他們說我們生來所用的鄉談呢？

事實上，當天開口的，不單是這座島嶼上被貶抑的各種鄉談，還有許多這座島嶼上被賤斥、漠視的人：同性戀者、原住民、皮條客、計程車司機、上班族、跨性別、所有為了這場運動而來到這裡的、無名無姓、不被記念的人，平等地和平素手握發言權的教授、記者、甚至是運動領袖坐在一起，肆意地放膽說話，不管說什麼，大家都為彼此歡呼。我們為什麼歡呼呢？我們不是要退場了嗎？我們不是除了一個不知是否會兌現的承諾，什麼也沒拿到嗎？在闖進議場的那天，在場的年輕人，也為了未曾被警察抬過的朋友歡呼，而今，我們被抬過了，我們被打過了，我們是為了被打過而歡呼嗎？

一連三天，直到退場前，每天晚上，「好像一陣大風吹過」，眾人都擠滿了中庭，笑著，鬧著，鼓譟著，而在權作舞台的啤酒桌旁排隊的人，手裡一拿到麥克風，就好像「有舌頭如火焰顯現出來，分開落在他們各人頭上」——他們難道是「都被聖靈充滿，按著聖靈所賜的口才說起別國的話來[2]」嗎？還是「他們無非是新酒灌滿了[3]」？

在這天，這些被譏笑是「被新酒灌滿」了的人，說了一件沒人相信的事，他們說，那個無辜受難的人……。

註釋：

1 徒七56。

2 徒二1～8。

3 徒二13。

後記

開始撰寫本書時，正值二〇一四年冬天，直到完成時，已經是二〇一六年春天了。隨著時間推移，不論是我的想法還是外在的環境，也都有了一些轉變。加上書寫過程中畢竟還是刪掉了不少相關的事件。本文希望能多少有所說明。

首先，補充一點書中提到卻未能詳述的訊息。

在〈第三幕：牧人與羊群〉的〔二、這是獨居的民，不列在萬民中〕一節裡所提到的，「在不久的將來，烏克蘭與台灣之間，將有人搭起小小的、祝福的橋」，指的是一群烏克蘭青年，和台灣青年葉士愷。在二〇一四年五月一日，Youtube上出現了一支影片：〈烏克蘭支持台灣——二十國語言[1]〉，雖然影片出現時，三一八占領已告結束，但葉士愷看到後，便決定前往烏克蘭，並在他女友蜜拉的幫助之下，連絡上了聲援台灣影片的製作團隊。這段經歷，他已經寫在後來出版的著作中[2]，在此不再贅述。然而必須補充的是，在一年後二〇一五年的三月七日，士愷再次費盡心力，在烏克蘭的反極權報紙《基輔郵報》（Kyiv Post）上，買下了半版廣告，向一年前烏克蘭的聲援影片表達謝意，並公開支持正處在內戰中的烏克蘭人民[3]。在這之後，台灣開始進入中央層級選舉的狂熱中，這件事也就此被遺忘了，但我認為這是新一代台灣公民跨過國家政府，與他國公民建立實質連結的範例，不應忘記。事實上，這並不是特例。早在烏克蘭聲援台灣影片之前，立陶宛就拍過影片聲援烏克蘭[4]。在國際關係領域，可能會強調國際強權滲透與操弄的層面，從社會學的角度，可能會強調排外民族主義的危險，但這次烏克蘭與台灣之間的相互聲援，是由年輕學生或年輕人發動，在沒有政府涉入的情況下，自主完成的。這種「跨國／跨民族公民社會連結」是不是民族主義？是哪一種民族主義？是否有排外之外的積極特質？這都有待學者的知識探索與知識普及化工作。特別是，台灣因為地理位置上的切身關係，向來都把中東歐國家排到美日中三國與西歐之後的第二順位，但在公民社會情感上，我認為中東歐地區人民與台灣是更靠近的。

在〈第三幕〉的〈四、暗夜展翅的黑鳶〉當中，提到了在占領不久後發生的飆車族鬧事事件。在這之後，也有白狼率眾到立法院騷擾事件。但必須澄清的是，根據各種流傳的訊息，其實在整個占領立法院的過程中，也有年輕的道上兄弟默默地在現場關注與聲援，也聽說有些人因著氣質不同而感到被歧視。那段只會存留在每個人的記憶和網路上的新聞存檔當中的日子，將會逐漸變得模糊難辨，因此更有可能凝結成刻板印象。我希望這一點補充有助於在刻板印象之外，留下一點干擾的紀錄。

本書的敘述，幾乎是在三二四行政院暴力清場事件，以及緊接著拍攝受暴青年那天之後，便直接跳到三三〇，然後退場。這是因為在我看來，更重要的是那些不被媒體所看見的、一個一個無名的個人，他們儘管不會得到什麼回饋，卻一直記得自己在見證過三二四的暴力後，內心所做的決定。大家不知道他們在哪，這正好說明了：我們看得到的三一八，永遠不能代表整個三一八。不被記得的人證明了被記得的人不代表一切。三一八到底是什麼？它究竟發生了什麼樣的影響？在台灣的歷史上究竟該如何被記憶？這都有待後來更多的故事出土，慢慢形塑而成，本書只是這個過程中的一股微風罷了。

然而，這本書的初衷，倒也不是無關痛癢。本稿主要寫於二〇一五年，而就在這一年內，我們看到了「信心希望聯盟」的組建。我原本是希望在眾多的三一八故事中，加上一個基督教平信徒的聲音。而在信望盟這個基督教政黨成立之後，卻並沒有以政黨的身分，表達對三一八及其後續相關政治問題的立場。因此，我認為自己原先創作的初衷還是應該繼續，也就成了現在各位眼前看到的這本書。

但事情終究還是出乎我的預料。在二〇一六年春末交稿之後，我就轉頭忙別的工作去了，當時我並沒有料想到，在二〇一六年十一月十七日，會有一群被台灣社會認定為基督徒的「熱血公民」，為了反對婚姻平權法案，企圖再次占領立法院。這場爭議讓台灣社會認識到：基督徒是關心公共事務與國家法案的。儘管婚姻平權的議題並不屬於本書的範疇，但我既然在本書中大量引用聖經經文，那對於基督徒參與公共事務，顯然是支持的。而今，既然台灣教會已經被認定了並不是對社會冷漠的一群人，那台灣社會自然可以在所有的政治與社會議題上，問問基督徒的意見：我們要統一嗎？我們要獨立嗎？兩岸開戰了基督徒可以上戰場嗎？台灣基督教會跟中華人民共和國統戰部可以接觸嗎？台灣的遺產稅應該單一稅率嗎？基督徒支持轉型正義嗎？白色恐怖時期告密過的基督徒，教會是否寬恕包容[5]？基督徒支持本外勞脫鉤嗎？基督徒支持六輕嗎？基督徒支持核電嗎？基督徒支持死刑嗎？基督徒支持加入聯合國嗎？

在過去，台灣社會普遍認為基督徒的意見不重要。但如今，既然基督徒已經在婚姻平權上大力且大聲地發表了自己的意見，那借用成功大學政治系梁文韜教授的話說：站出來了，就不要再退回去了。不要假裝自己不是基督徒，想方設法成立白手套團體，掩蓋基督信徒的身分。在婚姻平權爭議中，有基督徒認為教會不應如此高調涉入公共事務。我認為正好相反：對於公共事務，基督徒和佛教徒、道教徒、儒教徒一樣，都會有自己的意見，而這些意見是否被大部分相信理性、人性尊嚴、民主價值的新一代台灣公民接受，或是是否被其他相信暴力、金錢與物質力量的台灣公民接受，都得在基督徒發表了自己的意見後才會知道。相反地，基督徒不說自己的意見，就是任由教會被決定，更重要的是，是任由基督被忽視。我想，這不會是任何台灣的基督徒所樂見的。

最後，我要向一開始就對本書的創作大力給予鼓勵的葉浩教授，以及在看過部分初稿後便力表支持的主流出版社總編輯鄭超睿弟兄，表達至深的謝意。對一個沒有寫書經驗、也沒有正規神學訓練的新手作者而言，這樣來自主內弟兄的支持，重要性無可言喻。另外，還要感謝幾位幫忙閱讀過初稿的朋友，只是容我隱去所有與教會和神學院相關的人，而僅向哲五的好友劉燕玉和沈清楷致謝。當然，本稿所有的缺點，都是我個人的責任，都期待讀者的指正，也希望這樣的過程，能為台灣基督教公共意見的形塑，提供一點材料。

所有在書中提到的朋友，以及曾經在那些日子裡同心關注的人們，感謝你們。

感謝妻子在完稿後給予最真誠的批評與支持，以及書寫過程中一切的包容。

註釋：

1 影片請見〈Ukraine supports Taiwan in 20 languages〉，https://www.youtube.com/watch?v=u3P9dxCbFlQ（最後查詢：二〇一七年一月十三日）。

2 請參考葉士愷，〈第六章：在烏克蘭遇見太陽花〉，《在家環遊世界！：400沙發客住我家》，台北：華成圖書，二〇一五。

3 新聞報導請見〈讀者投書：別讓台灣成為下個烏克蘭！烏克蘭人用二十種語言聲援太陽花〉，http://www.storm.mg/lifestyle/43648（最後查詢：二〇一七年一月十三日）。

4 影片請見〈Ukraine We Support You!〉，https://www.youtube.com/watch?v=SYVWl6W8MXU（最後查詢：二〇一七年一月十三日）。

5 就在本稿付印前，輔仁大學哲學系的曾慶豹教授探究白色恐怖時期台灣教會史的《約瑟和他的兄弟們：護教反共、黨國基督徒與台灣基要派的形成》才剛出版，僅此提出，供讀者參考。

touch 系列 012

起初，是黑夜

作　　者：梁家瑜
社長兼總編輯：鄭超睿
責任編輯：鄭毓淇
美術設計：楊啓巽工作室

出 版 者：主流出版有限公司 Lordway Publishing Co. Ltd.
出 版 部：臺北市南京東路五段 123 巷 4 弄 24 號 2 樓
發 行 部：宜蘭縣宜蘭市縣民大道二段 876 號
電　　話：(03) 937-1001
傳　　眞：(03) 937-1007
電子信箱：lord.way@msa.hinet.net
郵撥帳號：50027271
網　　址：http: // mypaper.pchome.com.tw/news/lordway/

經　　銷：

紅螞蟻圖書有限公司
臺北市內湖區舊宗路二段 121 巷 19 號
電話：(02) 2795-3656　傳眞：(02) 2795-4100

以琳發展有限公司
香港九龍灣啟祥道 22 號開達大廈 7 樓 A 室
電話： (852) 2838-6652 傳眞： (852) 2838-7970

財團法人基督教以琳書房
臺北市忠孝東路四段210號B1
電話：(02) 2777-2560　傳眞：(02) 2711-1641

2017 年 03 月初版 1 刷
書號：L1702

ISBN：978-986-92850-6-3（平裝）
Printed in Taiwan

國家圖書館出版品預行編目資料

起初,是黑夜 / 梁家瑜作. -- 初版. -- [臺北市] :
主流, 2017.03
面； 公分. -- (touch系列 ; 12)
ISBN 978-986-92850-6-3（平裝）

1.基督徒 2.學運 3.文集

244.9 106002288